리폼드 시리즈 REFORMED SERIES

개혁주의는 하나님 중심, 말씀 중심, 교회 중심의 신학을 말합니다. '성령으로 돌아가자'던 종교개혁자들의 외침을 따라 하나님의 주권에 복종하고 성경의 권위를 인정하고 근본 교리를 믿었던 사람들이 바로 개혁주의자들입니다. 존 칼빈, 존 번연, 리처드 백스터, 조나단 에드워즈, 존 오웬 등은 대표적인 개혁주의 신학자들입니다. 그들 신앙의 중심에는 성경이 있었고 성경의 바른 교리를 따라 성도들을 가르쳤습니다. 오늘 우리는 그 어느 때보다 신앙의 근본이 절실한 시대를 살고 있습니다. 생명의말씀사는 신앙 선배들의 깊은 통찰이 담긴 양서들을 새롭게 단장하여 한국교회를 섬기고자 합니다.

구원의 불변성과 영원성에 관한 명쾌한 설명

성도의 견인

존 오웬 지음 / 조은화 옮김

CHRISTIANS ARE FOR EVER
by John Owen

Copyright ⓒ 1987 Grace Publications Trust, 139 Grosvenor Avenue,
London, N5 2NH, England.
This book is a simplified work of an original publication
by The Banner of Truth Trust.
All rights reserved.

Korean Edition published by Word of Life Press, Seoul 2002, 2013
Translated and published by permission.
Printed in Korea.

구원의 불변성과 영원성에 관한 명쾌한 설명
성도의 견인

ⓒ **생명의말씀사** 2002, 2013

2002년 12월 15일 1판 1쇄 발행
2010년 7월 25일   4쇄 발행
2013년 4월 15일 2판 1쇄 발행
2018년 9월 28일   3쇄 발행

펴낸이 | 김재권
펴낸곳 | 생명의말씀사

등록 | 1962. 1. 10. No.300-1962-1
주소 | 서울시 종로구 경희궁1길 5-9(03176)
전화 | 02)738-6555(본사) · 02)3159-7979(영업)
팩스 | 02)739-3824(본사) · 080-022-8585(영업)

기획편집 | 유선영, 홍경민, 신유리
디자인 | 최윤창
인쇄 | 영진문원
제본 | 정문바인텍

ISBN 978-89-04-02061-4 (04230)
     978-89-04-00161-3 (세트)

저작권자의 허락없이 이 책의 일부 또는 전체를
무단 복제, 전재, 발췌하면 저작권법에 의해 처벌을 받습니다.

구원의 불변성과 영원성에 관한 명쾌한 설명

성도의 견인

존 오웬 지음 / 조은화 옮김

생명의말씀사

Contents

『성도의 견인』과 존 오웬　　6

Part I
1. 성도의 견인이란 무엇인가　　13

Part II
2. 변하지 않는 하나님　　33
3. 변하지 않는 하나님의 목적　　39
4. 변하지 않는 하나님의 언약　　51
5. 변하지 않는 하나님의 약속　　59

CHRISTIANS ARE FOR EVER

Part III

  6. 약속에 신실하신 하나님   77

  7. 그리스도의 중재 사역   87

  8. 성령의 사역   103

  9. 그리스도의 중보 사역   119

  10. 성도의 순종   127

Part IV

  11. 올바른 성경 이해   151

『성도의 견인』과 존 오웬

존 오웬은 1616년 영국 옥스퍼드셔의 스태드햄프턴에서 헨리 오웬 목사의 둘째 아들로 태어났습니다. 청교도의 황태자라 불리기도 하는 오웬은 어려서부터 뛰어난 지적 능력을 가지고 있었습니다. 석사과정을 거칠 때쯤에 그는 이미 수많은 고전을 통달했을 뿐 아니라 헬라어를 유창하게 구사했으며, 히브리어와 랍비들에 대한 지식도 뛰어났습니다.

존 오웬은 청교도 혁명 당시 올리버 크롬웰의 군종 목사로 지냈고, 후에는 옥스퍼드 대학의 부총장 자리에까지 올랐습니다. 그러나 크롬웰이 죽고 왕정이 복고된 이후 그는 반 추방 형태로 집에서만 지내게 됩니다. 이 기간에 오웬은 집필에 전념하며 수많은 저작을 만들어냈습니다.

이때 쓰인 80여 권에 달하는 책들은 기독교의 진리를 체

계적이로 방대하게 저술한 것으로 평가받고 있으며, 청교도 시대의 신학을 연구하는 많은 이들은 존 오웬을 "최후의 청교도 신학자"라고 평가합니다.

『성도의 견인』은 이러한 존 오웬의 저작 중 하나입니다. 칼빈주의 5대 교리 중 하나인 성도의 견인에 대해 설명하고 있는 이 책은 1674년 집필된 존 오웬의 『성도의 견인 교리』 The doctrine of the saint's perseverance explained and confirmed, or, the certain permanency of their acceptaion with God and their sanctification from God manifested and proved를 요약한 도서입니다. 이 책은 아르미니우스주의자였던 존 굿윈(John Goodwin)의 『Redemption Redeemed』에 대한 대답으로 작성되었습니다.

존 오웬은 존 굿윈이 주장하는 구원의 관점에 반박하여 성도가 개인적으로 구원받으면 믿기 이전 상태로 돌아갈 수 없고, 한번 받은 구원은 영원하다는 칼빈주의 관점에 대해 설명합니다.

구원에 대해 바르게 이해하는 것은 중요합니다. 성도들은 성경이 말하는 올바른 구원의 도를 배우고 알아야 합니다. 한번 받은 구원이 영원히 보장되지 않아 멸망의 길로 떨어질 수 있다면 우리는 구원을 받았음에도 두려울 것입니다. 하지만 성경은 구원의 안정성과 영원성에 대해 이야기합니다. 하나님의 선택을 받은 백성은 영원히 구원받으며, 절대로 구원에서 떨어져 나갈 수 없음을 성경은 이야기합니다. 성도의 견인은 성경이 말하는 바른 교리입니다. 성도의 견인이 없다면 구원의 안정성과 불변성은 성립될 수 없으며, 구원의 확신은 흔들리게 됩니다.

개혁주의자들은 올바른 믿음의 기준은 인간이 아니라 하나님의 주권이라고 이야기합니다. 이들은 하나님 중심, 말씀 중심, 교회 중심의 신학을 가지고 성경으로 돌아가고자 했던 종교개혁자들의 근본 교리를 따릅니다. 즉, 개혁주의자들은 하나님의 주권에 복종하고 성경의 권위를 인정하는 교리를 따르는데, 우리는 이들의 신앙을 바라봐야 합니다.

지속적으로 이어지는 예정론에 대한 논쟁들은 도르트 신조, 웨스트민스터 신앙고백 그리고 하이델베르크 신앙고백 등에 관심을 가지게 합니다. 우리는 믿음의 선조들이 성경에 근거하여 고백한 것들을 공부함으로 성경이 말하는 바른 신학과 신앙을 살펴보아야 합니다. 올바른 믿음의 고백을 정확하게 살펴봄으로 바른 교훈을 알아가야 합니다.

  이 책은 오웬의 다른 저작들보다 상대적으로 적은 주목을 받았지만, 그가 이 책에서 말하는 성경의 올바른 교리에 대한 이야기는 정말 중요한 이야기입니다. 이 책을 통해 성경이 말하는 올바른 구원을 바라보며, 구원의 확신을 가지시길 바랍니다.

Part I

CHRISTIANS ARE FOR EVER

1

chapter

성도의 견인이란 무엇인가

한번 구원받은 성도의 구원은 영원히 보장되는가, 아니면 구원으로부터 멀어져 멸망의 길로 떨어질 수 있는가? 성경은 우리 구원의 안정성과 영원성에 대하여 무엇이라 말하는가?

성도의 견인(堅忍, 굳게 참고 견딤)에 대해서는 다양한 견해가 있다. 어떤 사람들은 하나님께서 그의 백성들에게 주시는 강한 소망과 안위(히 6:17-18)가 바로 성도의 견인에 대한 성경적 초석이라고 믿는다. 반면 어떤 사람들은 성도의 견인이 복음적인 가르침과는 전혀 상관없는 교리로서 인간이 지어낸 허구일 뿐이라고 주장한다. 그들은 한 걸음 더 나아가 성도의 견인을 오히려 죄를 범하도록 부추기는 강력한 요인으로 보기도 한다.

그러므로 성도의 견인에 대한 올바른 이해는 매우 중요하다. 이것이 하나님과 동행하는 우리의 삶에 큰 영향을 미치기 때문이다. 하나님의 영광, 예수 그리스도에 대한 경외 그리고 성도들의 영적 풍요로움은 성도의 견인에 대한 바른 이해와 밀접한 관계가 있다.

스스로를 그리스도인이라고 고백했던 사람들이 하나님을 멀리하고 타락하는 경우를 종종 보게 되는데, 이는 하나님의 백성들에게 적잖은 장애물로 다가온다. 예수님께서는 스스로 믿는다고 하는 자들도 그 사랑이 식어 떠날 것이라고 예언하셨다(마 24:11-12). 그러나 하나님의 선택된 백성들은 미혹을 당하거나 믿음에서 떨어지지 않을 것이라고 제자들을 안심시키고 위로하셨다.

사도 바울은 디모데후서 2장 17-18절에서 후메내오와 빌레도의 배교에 대해 말했다. 이러한 배교도의 사악한 가르침을 따른 자들은 믿음에서 완전히 멀어지게 되었다. 그러나 진정한 믿음을 가진 자들에게 위로를 주는 견고한 근거가 있는데, 이는 "주께서 자기 백성을 아신다"(딤후 2:19)라는 말씀이다. 사도 요한 역시 적그리스도와 거짓 선지자들에 대해 "그들이 우리에게서 나갔으나 우리에게 속하지 아니하였나니"(요일 2:19)라고 서술한 바 있다.

그러므로 진정한 성도들은 주님의 길을 가다가 포기한 사람들을 보고 흔들려서는 안 된다. 단지 그것을 그리스도께서 진정으로 자기 속에 거하시는지 점검하는 계기로 삼아야 한다. "그런즉 선 줄로 생각하는 자는 넘어질까 조심하라"(고전 10:12).

"지옥으로 떨어진 자들의 믿음이 진정한 믿음이 아니라고 한다면 그 누구도 자기가 진정한 믿음의 소유자인지 아닌지 확신할 수 없다"고 반박하는 자들도 있다. 우리는 이에 대해 "하나님께서는 이런 사례들로 믿는 자들을 시험하신다"라고 대답할 수 있다. 이런 시험을 통해서 우리는 더욱더 깊은 하나님의 은혜 안에 들어가게 되고 우리의 믿음은 더욱 강해질 것이다. 이것은 신실하신 하나님의 은혜로 말미암아 우리가 넉넉히 이기리라는 사실을 입증하는 것이다. "이 모든 일에 우리를 사랑하시는 이로 말미암아 우리가 넉넉히 이기느니라"(롬 8:37)는 말씀에 우리는 분명히 의존할 수 있다. 타락한 사람들의 소식이 초대교회 성도들 안에 있었던 믿음의 형용할 수 없는 영광스러운 기쁨을 우리에게서 빼앗아가게 해서는 결코 안 될 것이다. "예수를 너희가 보지 못하였으나 사랑하는도다 이제도 보지 못하나 믿고 말할 수 없는 영광스러운 즐거움으로 기뻐하니"(벧전 1:8).

또한 어떤 사람들은 구원의 확신을 가질 수 있는 근거는 오로지 자신이 하나님과 동행하고 있음을 증거하는 양심밖에 없다고 말하기도 한다. 분명 많은 성도들이 양자의 영을 받았고, 그로 인해 성령께서 친히 그들의 영과 더불어 그들이 하나님의 자녀인 것을 증거하신다. "성령이 친히 우리의 영과 더불어 우리가 하나님의 자녀인 것을 증언하시나니"(롬 8:16). 그러나 많은 그리스도인들이 초대교회 성도들이 가졌던 이 충만한 기쁨을 맛보지 못한다.

그러므로 구원의 확신은 양심의 증거보다 더 확실하고 굳건한 터 위에 세워져야 한다. 양심의 증거에 의존한 구원의 확신은 종종 우리의 실수 때문에 약해지기 때문이다.

성자들(saints)이란 어떤 사람들을 의미하는가? 간단히 말해서 **거룩한 자들**이라고 할 수 있다. 성경에서 **거룩한**이라는 단어는 여러 가지 뜻으로 쓰이고 있다.

유일하신 하나님은 본질적으로 '거룩한 분'이시다. 피조물의 거룩함은 하나님의 거룩하심과는 다르다. 아담이 창조되었을 때 그에게도 거룩함이 있었지만 죄로 인해 소멸되었다.

그것은 타락한 천사들도 마찬가지였다. 그러나 진정한 성도들은 죄로 인해 하나님의 영광에 이르지 못함에도 불구하고 하나님으로부터 부여받은 거룩함이 있다. 이것이 바로 **부여받은 거룩함**(imparted holiness)이다.

특히 구약성경에서 **거룩한**이란 말은 종종 **하나님과 그분의 섬김을 위해서 구별된**이란 의미로 사용되었다. 구약성경은 언약궤뿐만 아니라 악한 사람들이 섞여 있는 이스라엘 백성 전체를 가리켜 거룩하다고 기록하고 있다. 그러나 이런 것들을 가리켜 성도의 견인이라 하지는 않는다.

또한 신약성경은 **거룩한**이란 말을 종종 **내적인 순결을 가지고 있는**이라는 뜻으로 사용하고 있다. 자신뿐 아니라 모두가 거룩하다고 생각하는 사람들 중에는 진정으로 회심하지 않은 사람들이 많이 있다. 또한 성령께서 주시는 일반 은혜의 선물이 어떤 이들의 행동에 영향을 미쳐 거듭난 것처럼 보이게 하지만 정작 그 안에 그리스도께서 거하지 않으실 때도 있다.

그렇다면 성자 혹은 진정한 성도들은 어떻게 구별되는가?

1. 한때 성도들은 영적으로 죽어 있었지만, 하나님께서 그들에게 구원을 얻게 하는 믿음을 주셨다. 성도들의 거룩함은 하나님의 은혜로 말미암아 그들을 선택하신 하나님의 영원한 목적의 결과이다(엡 1:4).
2. 성령께서 허물로 인해 죽었던 그들을 다시 살리시고 새로운 생명을 주셨다. 성령께서 그들을 그리스도 예수와 함께 살리실 때 그들은 성령의 역사로 말미암아 믿음이란 귀한 선물을 받게 된다(엡 2:5).
3. 그리스도 예수의 죽으심과 중보로 말미암아 영원토록 그들과 함께하실 성령 하나님을 그들에게 보내 주셨다(요 14:16).
4. 그들 속에 거하시는 성령 하나님의 역사로 말미암아 그들은 하나님의 원수가 아닌 하나님을 사랑하고 순종하는 종으로 살게 된다.

성령께서는 성도의 견인이 무엇인지 설명하기 위해서 여러 가지 표현들을 사용하신다. 그 예들을 보면 다음과 같다.

1. "그리스도 예수를 주로 받았으니 그 안에서 행하되"(골 2:6).
2. "죽도록 충성하라"(계 2:10).
3. "우리가 소망의 확신과 자랑을 끝까지 굳게 잡고 있으면"(히 3:6).
4. "구원을 얻기 위하여 믿음으로 말미암아 하나님의 능력으로 보호하심을 받았느니라"(벧전 1:5).

자, 이제는 가끔 제기되는 "성도들도 완전히 믿음에서 떠날 수 있다"는 주장에 대해 살펴보도록 하겠다.

모든 사람들이 성도들 안에 성령께서 거하시면 성령의 열매를 맺게 되는 것에 동의한다(갈 5:22). 그렇다면 성도들 안에 거하시는 성령의 완전 소멸을 가능하게 하는 것들은 무엇인가? 무엇이 성도 안에서 일어나는 성령의 은혜의 역사를 완전히 마비시킬 수 있는가? 죄인가? 물론 죄를 마음에 품고 옹호한다면 그리스도인의 삶을 살게 하는 능력은 분명 약화될 것이다. 그러나 성도들의 죄로 인해 성령께서 슬퍼하시는 것은 사실이지만, 죄가 성령을 정복하고 승리를 거두는 것은 결코 있을 수 없는 일이다.

성도들이 가지고 있는 은혜는 그리스도 예수 안에서 새 피조물이 된 결과인데, 그 은혜는 그들 자신의 노력으로 얻은 것이 아니다. 하나님께서는 예수 그리스도를 죽음에서 일으키신 그 능력으로 우리 속에 은혜를 심으셨다. 우리가 죄를 지속적으로 범함으로 하나님께서 우리에게 주셨던 은혜와 성령을 다시 거두어 가시는 것은 마땅한 일이다. 하지만 죄가 하나님의 자녀들을 이기고 마지막 승리를 거두는 것을 과연 하나님께서 허락하시겠는가? 오히려 그 자녀들을 도우시기 위해 달려오시지 않겠는가? 하나님께서는 그 자녀들을 꾸중하시고 혼내실망정 영원토록 쫓아내지는 않으실 것이다.

하지만 성도의 견인에 대해 반대하는 사람들은 이런 가르침이 오히려 사람들로 하여금 죄를 범하도록 부추긴다고 주장한다. 또한 이것이 성도들의 삶이 얼마나 심각한 죄로 물들어 있는지와는 상관없이 하나님의 사랑과 구원 그 자체만을 확신시켜 준다고 말한다.

그러나 이 반박은 틀린 것이다. 하나님의 사랑과 용서하시는 자비를 한번 맛본 성도라면 세상의 그 무엇보다도 그것을 귀하게 여길 것이기 때문이다. 그들은 하나님께서 그들을 위해 미리 준비하신 선한 일들을 하기 원한다. 하나님께서는 성령을 통해 그들에게 지속적인 은혜를 부어 주셔서 그들이 하나님의 영광을 위해 선한 일을 함으로 거룩한 열매를 맺게 하실 것이다. 모든 사람에게 구원을 주시는 이 은혜는 "우리를 양육하시되 경건하지 않은 것과 이 세상 정욕을 다 버리고 신중함과 의로움과 경건함으로 이 세상에"(딛 2:12) 살게 한다.

성도의 견인에 대한 또 다른 견해는 "성도들이 믿음에서 완전히 떠날 가능성은 정신이 온전한 사람이 자기 목숨을 끊을 가능성보다 크지 않다"는 주장이다.

사람들은 자연적으로 자신의 육체를 위험에 빠뜨리는 것을 피한다. 이와 비슷하게, 하나님께서는 성도들에게 자신의 영혼을 파괴할 수 있는 죄를 멀리하는 지혜와 명철을 부여하셨다. 이 지혜와 명철은 성도들에게 가해지는 악한 죄의 세력을 묵살시킬 수 있다. 이러한 원수 세력들 중 하나가 바로 우리 속에 거하는 죄이다(롬 7:17, 20).

바울은 이 원수를 "유혹의 욕심을 따라 썩어져 가는 구습을 따르는 옛 사람"(엡 4:22)이라고 부른다. 우리 속에 거하는 죄의 힘을 조금이라도 아는 사람이라면, 우리 자신을 완전히 믿음에서 떠나지 않도록 지키기 위해서는 보통 명철보다 더 큰 힘이 필요함을 알 것이다. 우리는 그리스도 예수의 중보가 필요하다. 우리는 "말세에 나타내기로 예비하신 구원을 얻기 위하여 믿음으로 말미암아 하나님의 능력으로 보호하심을"(벧전 1:5) 받았다.

이사야 4장은 하나님의 백성들에게 큰 격려와 위로를 준다. 다른 구절들과 마찬가지로, 4장에서 영화로운 '여호와의 싹'으로 일컬어진 자는 주 예수 그리스도이시다. 약속을 받은 사람들은 "시온에 남아 있는 자"(사 4:3)들이다.

시온에 남아 있는 자들은 누구인가? 그들은 은혜로 선택된 남은 자들로서 창세전 어린양의 생명책에 기록된 자들이다(엡 1:4; 계 13:8). 새까맣게 태워 없애버릴 만큼 위협적인 화염 속에서 간신히 낚아챈 장작개비처럼, 멸망해 가는 수많은 사람들 틈에서 건짐 받은 자들이다.

또한 이사야는 그들을 가리켜 "시온의 딸들"(사 4:4), 즉 하나님으로부터 선택되고, 구원받았으며 부름 받은 자들이라고 묘사하고 있다. 그들에게는 성도의 칭의, 성화 그리고 견인이 약속되어 있다.

1. 칭의

아버지 하나님께서 보시기에 합당하도록 의로우신 주님께서 영광스러운 그분의 옷으로 성도의 흠을 덮어 숨기신다.

2. 성화

거룩하도록 부름 받은 자들은 그들 속에 거하시는 그리스도 예수의 역사로 말미암아 거룩해진다.

3. 견인

광야 생활 중 구름 기둥과 불 기둥은 이스라엘 백성들의 보호막이었다. 이사야가 "그 모든 영광 위에 덮개를 두시며"(사 4:5)라고 말한 것은 이 구름 기둥과 불 기둥을 가리킨다. 그리스도 예수의 모형인 언약궤는 이스라엘의 영광을 상징한다.

성도들의 영적 영광에는 두 부분이 있다. 그중 하나는 우리의 외적인 부분으로, 그리스도 예수 안에서 우리를 값없이 받아 주시는 하나님의 사랑과 긍휼이다. 그리고 또 하나는 거룩한 영으로 말미암아 우리 속에서 이루어지는 성화이다.

한번 성도들의 영혼 속에 거하신 성령이 완전히 제거되시는 일은 결코 없다. 거룩한 성령은 그가 한번 거하신 자리를 세상의 영에게 내주지 않으신다. 하나님께서 우리의 죄를 사하여 주시고, 거룩하게 하시고, 당신의 손으로 성도들을 덮으시고, 그리스도 예수 안에서 값없이 구속하심으로써 다시는 끊을 수 없는 은총의 언약이 이루어진 것이다.

그러나 그것이 성도들이 다시는 죄를 짓지 않는다는 뜻은 아니다. 단지 성령이 소멸되시어 다시 악의 자녀가 될 정도로 심각한 악에 빠질 수는 없다는 말이다. 물론 이는 그들이 거듭나기 이전에만 가능하다(엡 2:2, 3).

예레미야 선지자는 하나님과 그의 백성의 관계를 잘 표현했다(렘 31:33-34, 32:38-40). 하나님은 "그들은 내 백성이 되고 나는 그들의 하나님이 되리라"고 약속하신다.

1. 하나님은 성도들을 조건 없이 받아주신다.

"내가 그들의 악행을 사하고 다시는 그 죄를 기억하지 아니하리라"(렘 31:34).

2. 성도들의 성화와 거룩은 모두 하나님으로부터 온 것이어야만 한다.

"내가 나의 법을 그들의 속에 두며 그들의 마음에 기록하여"(렘 31:33).

3. 하나님을 경외함이 그들을 전적으로 떠나지 않을 것이다.

"나를 경외함을 그들의 마음에 두어 나를 떠나지 않게 하고"(렘 32:40). "내가 그들에게 한 마음과 한 길을 주어……항상 나를 경외하게 하고"(렘 32:39).

구 원 의   불 변 성 과   영 원 성 에   관 한   명 쾌 한   설 명

칼빈주의 5대 교리 (TULIP교리)

　야코뷔스 아르미니우스(1560~1609)와 그의 추종자들은 믿음에 대해 하나님의 주권보다 인간의 의지를 강조했는데 이것은 존 칼빈(1509~1564)의 주장과 충돌하는 것이었습니다. 이로 인해 네덜란드 개혁교회에서는 논쟁이 일어나게 되었고 1618년 11월 13일 도르드레흐트(Dordrecht)에서 도르트 총회(1618~1619)가 개최 되었습니다.

　도르트 총회에서는 도르트 신조가 완성되었을 뿐 아니라 아르미니우스주의자들이 주장하는 비성경적인 5개 조항에 대응한 5대 교리도 공표했습니다.

　우리가 흔히 말하는 튤립(TULIP) 교리는 이러한 칼빈주의 5대 교리 내용의 머리글자를 따서 지어진 것입니다. 아르미니우스주의자들의 주장에 반박하기 위해 생겨났기에 칼빈주의 5대 교리가 칼빈주의의 모든 주장을 담고 있는 것은 아니지만, 꼭 알아야 하는 것을 담고 있기에 이를 아는 것은 중요합니다.

칼빈주의 5대 교리 각각의 내용은 따로 설명되기도 하지만 연결해서 볼 수 있습니다. 전적으로 부패한 인간은 스스로 구원할 수 없습니다. 하나님은 그런 인간을 무조건적으로 선택하셨고, 당신이 선택하신 자들만을 구속하십니다. 인간은 하나님의 구원의 은혜를 결코 거부할 수 없습니다. 한번 구원받은 성도는 하나님의 보존하시는 은혜를 따라 끝까지 견디게 됩니다.

칼빈주의 5대 교리

- 인간의 전적부패(Total Depravity)
- 무조건적 선택(Unconditional Election)
- 제한된 속죄(Limited Atonement)
- 불가항력적 은혜(Irresistible Grace)
- 성도의 견인(Perserverance of Saints)

Part II

CHRISTIANS ARE FOR EVER

2
chapter

변하지 않는 하나님

다음과 같은 다섯 가지 측면에서 하나님은 변함이 없으시므로 우리를 향한 그의 사랑에도 변함이 없다.

1. **하나님의 속성**
2. **하나님의 목적**
3. **하나님의 언약**
4. **하나님의 약속**
5. **하나님의 맹세**

성도의 견인은 이들 다섯 가지측면에 각각 그 근거를 두고 있다. 앞으로 몇 장에 걸쳐 이 측면들을 다룰 것이다. 먼저, 이 장에서는 하나님의 변함없는 속성에 대해서 살펴보기로 하자.

말라기 3장 6절에서 하나님께서는 "나 여호와는 변하지 아니하나니"라는 말씀의 결과로 "그러므로 야곱의 자손들아 너희가 소멸되지 아니하느니라"고 말씀하셨다.

하나님께서 말씀하시는 야곱의 자손들은 누구인가? 그들은 야곱의 모든 육체적 자손들을 뜻하는 것이 아니라 그의 믿음을 공유하는 모든 사람들을 뜻하는 것이 분명하다. 바울은 "이스라엘에게서 난 그들이 다 이스라엘이 아니요"(롬 9:6)라고 말했다. 이스라엘 백성 중에는 자신들의 죄악으로 임박한 하나님의 심판을 두려워하면서도 스스로 아브라함의 자녀임을 자랑하며 그것을 이유로 구원받았다고 생각한 사람들도 있었다.

예수 그리스도께서는 "야곱의 지파들을 일으키며 이스라엘 중에 보전된 자를 돌아오게"(사 49:6) 하시려고 이 땅에 오셨다. 진정한 야곱의 자손들은 거듭난 자들이다. "혈통으로나 육정으로나 사람의 뜻으로 나지 아니하고 오직 하나님께로부터 난 자들이니라"(요 1:13). 하나님은 성도를 친히 부르시고 그들에게 은사를 주신 것에 대해 절대로 마음을 바꾸지 않으신다. 로마서 11장 29절에서 바울은 "하나님의 은사와 부르심에는 후회하심이 없느니라"고 단언하고 있다.

그러므로 야곱의 진정한 자손들은 야곱의 믿음을 소유한

자들, 즉 하나님께 새로 선택받은 자들이다. 하나님께서는 그들의 열조들이 파한 옛 언약 대신 새 언약을 세우셨다(렘 31:31-34; 겔 36:24-28; 히 8:8-12).

하나님의 새 언약을 즐거워하며 그 안에 머무는 사람은 하나님의 저주로부터 자유롭다. 하나님께서 성도들을 부르셨을 때 그들의 영적 상태는 어떠했는가? 그들은 하나님으로부터 분리되어 무지와 어둠 그리고 죽음 가운데 있었다. 또한 그들 속에는 하나님께서 은총을 베푸실 만한 그 어떤 것도 없었다. 그들로 하여금 칭의와 성화를 얻게 하신 분은 오직 하나님이시다.

하나님께서 그분의 백성들에게 주시는 가장 큰 위로 중 하나는 이제 그들이 영원토록 하나님으로부터 분리되지 않는다는 약속이다.

이사야 40장 27-31절에서 야곱과 이스라엘 백성들은 하나님으로부터 분리되는 것에 대한 두려움을 나타냈다. 하나님께서는 그런 그들에게 어떻게 응답하셨는가? 하나님께서는 그들에게 진정으로 하나님의 속성을 이해하고 있느냐고 반문하셨다. 그리고 하나님은 영원하시며, 놀라운 능력을 가지셨으며, 변역하지 않으시고, 명철이 한이 없으시다는 것을 그들에게 상기시켜 주셨다. 오직 여호와를 앙망하는 자들에게 하나님은 다음과 같은 은혜를 베푸신다. 즉, 그들은 새 힘을 얻어 독수리가 날개 치며 올라감 같을 것이고 달음박질하여도 곤비하지 않으며 걸어가도 피곤하지 않을 것이다.

하나님께서는 말씀하신다. "나의 종 야곱아 두려워 말라. 내가 너를 창세전에 택하였다. 너희는 벌거벗었고, 쓸모없으며, 바싹 말라 시들어 죽게 되었다고 생각하느냐? 내가 내 영을 너에게 주어 이 모든 것을 바꾸어 놓으리라. 너는 내 것이고 나는 영원토록 너의 주가 되며 왕이 되고 구속자가 됨을 너로 알게 할 것이다." 하나님께서 자신은 절대 변하지 않으시므로 우리를 향한 사랑 역시 영원하다는 것을 확신시켜주실 때, 그분의 말씀을 있는 그대로 믿는 것은 결코 지나친 것이 아니다.

우리는 하나님께서 유대인과 같이 한 민족에게 베푸시는 은혜와 개인에게 베푸시는 구원의 은총을 명확하게 구별해야 한다. 하나님께서는 유대 민족을 다른 민족들과 구분하셔서 외적인 복을 주셨고 심판에 있어서도 특별히 다루셨다.

그러나 그들의 운명은 한 민족으로서 그들이 하나님께 순종했는지의 여부에 따라 좌우되었다. 그래서 하나님께서는 가끔씩 세우셨던 것들을 허무셨고, 어떤 때는 허물었던 것들을 다시 세우기도 하셨다. 하나님께서는 그 민족을 향한 그분의 변함없는 목적을 성취하셨다.

하나님의 속성은 변하지 않으므로 그리스도 예수 안에서 값없이 구속해 주신 우리를 하나님께서 결코 버리지 않으시리라는 것을 확신할 수 있다. 또한 이렇게 구속받은 자들은 결코 회개하지 않는 배교자가 될 수 없다.

3
chapter

변하지 않는
하나님의 목적

이제는 성도들에게 또 다른 확신의 근거가 되는 변하지 않는 하나님의 목적들에 대해 살펴보자. 하나님의 목적들은 영원하며, 한없이 지혜롭고, 하나님 외에 그 어떤 것에도 영향을 받지 않는 하나님의 자유로운 의지의 행동이다.

이사야 46장 9-11절에서 하나님께서는 다른 거짓 신들과 대조하여 당신만이 오로지 한 분 하나님이며 당신외에 다른 이가 없고 당신의 목적은 정녕 이루어질 것임을 선포한다. 그러므로 그분은 경영하고자 하신 것을 분명히 이루실 것이다.

하나님께서는 태초부터 종말까지 이루어질 모든 일들을 알고 계신다. 하나님께서는 그분의 능력으로 말미암아 모든 사람에게 자유의지를 허락하심으로 사람들이 자유로운 선택을 할 수 있게 하셨지만 모든 행동들이 당신의 뜻대로 되게 통치하신다. 하나님의 변함없는 목적들은 그분의 영원한 능력과 신성을 선포한다. 시편 33편 9-11절은 이렇게 말한다.

"그가 말씀하시매 이루어졌으며 명령하시매 견고히 섰도다……여호와의 계획은 영원히 서고 그의 생각은 대대에 이르리로다."

반면 사람들은 잠언 19장 21절 "사람의 마음에는 많은 계획이 있어도 오직 여호와의 뜻만이 완전히 서리라"는 말씀처럼 자신들의 계획을 변화하는 상황에 지속적으로 적응시켜 나가야 한다.

모든 사건들은 하나님께 현재이므로 그 무엇도 하나님을 놀라게 할 수 없다. 하나님의 전능한 힘은 그가 경영하시는 모든 것이 반드시 이루어질 것을 보증하며, 또한 이는 독단적인 것이 아니라 하나님의 한없는 지혜와 거룩하심에 근거한다(사 14:24-27).

사도 바울은 로마서 8장 28절에서 아주 명료하고도 강한 어조로 성도의 견인을 주장했다. "우리가 알거니와 하나님을 사랑하는 자 곧 그의 뜻대로 부르심을 입은 자들에게는 모든 것이 합력하여 선을 이루느니라."

그렇다면 하나님을 사랑하는 자들에게 모든 것이 합력하여 이루어지는 선이란 무엇인가? 선은 예수 그리스도와 그분의 사랑을 기뻐하는 것으로 이루어져 있다. 그러므로 하나님께서는 가장 큰 기쁨에 도달하는 데 실패하지 않도록 모든 것들을 명하실 것이다. 하나님께서는 이를 이루시기 위해 지혜와 사랑 안에서 그분의 목적과 가장 상반되어 보이는 것까지도 사용하신다.

이 위로는 "그의 뜻대로 부르심을 입은 자들", 곧 그분의 목적의 부르심에 믿음과 순종으로 화답하는 자들에게 주어지는 것이다. 그들은 돌같이 굳은 마음 대신 살아 있는 마음을 부여받았으므로 하나님을 사랑하게 되었다. 로마서 8장 29-30절에 의하면, 하나님께서는 성도들을 부르시기 전에 그들을 예정하시고 의롭다 칭하신다.

사도 바울은 하나님께서 그들을 부르신 목적을 **예정에 의한 하나님의 목적들**이라고 표현했다. 하나님께서 은혜로 말미암아 그들을 선택하신 것은 그들 안의 선한 것과는 전적으로 무관하다. 사람들이 하나님께 인정받는 것은 전적으로 하나님이 그리스도 예수 안에서 은혜와 사랑으로 그들을 받아 주셨기 때문이지 결코 그들이 부르심을 받기 전에 하나님을 사랑한 결과가 아니다.

성도의 부르심은 그들이 하나님을 사랑한 결과가 아니다. 그것은 불가능한 일이다. 성도 안에 있는 모든 믿음과 사랑은 하나님의 유효한 부르심에 따른 열매이다.

로마서 8장 28절에 나와 있는 명백하고 조건 없는 하나님의 약속의 말씀에도 불구하고, 이것이 실제로는 성도들이 죄악과 불신앙을 멀리한다는 전제하에 약속된 것임을 증명하려는 시도들이 있었다. 물론 이 성경 구절이 회개하지 않은 비신자들에게도 **모든 것이 합력하여 선을 이룬다**는 확신을 주는 것은 아니다. 하나님의 목적은 믿는 백성들이 죄악과 불신앙에 빠지게 두시는 것이 아니라, 그들이 하나님의 아들의 형상을 닮아가게 하시는 것이다. 즉 하나님의 뜻은 성도들이 하나님의 영광 가운데 완전한 기쁨을 누릴 때까지 그리스도 예수의 사랑을 체험하며 살도록 그들을 지키시는 것이다.

예레미야는 야곱의 모든 영적인 자손들에게 영원한 하나님의 사랑에 대하여 말한다. "내가 영원한 사랑으로 너를 사랑하기에 인자함으로 너를 이끌었다 하였노라"(렘 31:3). 이 영적 자녀들은 남은 자들, 곧 하나님이 미리 아시고 그 은혜로 말미암아 선택하신 자들이다(롬 11:2, 7).

바울은 디모데에게 쓴 편지에서 "하나님의 견고한 터는 섰으니 인침이 있어 일렀으되 주께서 자기 백성을 아신다"(딤후 2:19)고 말하며 디모데 그리고 그와 함께하는 모든 성도들을 위로하고 권면했다. 이 말씀에서 견고한 터는 하나님의 기뻐하시는 뜻을 말하는데, 이는 그분의 은혜의 영광을 찬미하게 하려는 것이다. 또한 바울이 사용한 터라는 단어는 성도들의 전체 구원의 기반을 유지하는 안정성과 능력 그리고 무궁한 하나님의 뜻의 본질들을 강조한다.

이 흔들리지 않는 터 위에 성도의 보존과 견인이 기초하는 것이다. 후메내오와 빌레도와 같은 배교자들은 한때 진정한 성도인 것처럼 보였지만, 그들의 배교로 인해 그들에게 하나님의 택함 받은 자로서의 믿음이 전혀 없었다는 것이 밝혀졌다.

견고한 터라는 상징으로 표현된 하나님의 목적에는 법적 문서가 봉인된 것처럼 인 침이 있다. 그것은 바로 "주께서 자기 백성을 아신다"(딤후 2:19)라는 주장과 "주의 이름을 부르는 자마다 불의에서 떠날지어다"(딤후 2:19)라는 두 가지 주장에 의해 입증되고 또한 확증된다. 이 두 주장은 분리될 수 없다.

우리 주님께서 하늘에서 내려오신 목적은 요한복음 6장 37-40절에 분명하게 기술되어 있다. 그분은 모든 면에서 아버지의 뜻을 행하시려고 이 땅에 오셨다. 그렇다면 그분이 아버지의 뜻을 행하시기 위해 하늘에서 내려오신 것은 누구를 위함인가? 바로 "내게 주신 모든 자들"을 위해서이다(39절).

또한 우리 주님께서는 그분의 대제사장적 기도에서 한 걸음 더 나아가 자신과 아버지의 완전한 화합을 증명하신다. 요한복음 17장 6절은 "그들은 아버지의 것이었는데 내게 주셨으며"라고 말하고 있는데 여기서 그들은 아들을 보고 믿는 자들을 말한다(요 6:40).

그들을 위한 하나님의 뜻은 무엇인가? 그것은 그들을 하나도 잃어버리지 않고 영생을 얻게 하여 마지막 날에 다시 살리시는 것이다. 주님은 그의 기도에서 성도들이 마지막 날에 다시 살림을 받기 전에 있을 영원한 생명에 대해 언급하셨다. 즉 아버지께서 그분의 아들에게 성도들의 보존에 대한 사역을 위임하셨음이 분명하다. 예수님은 그에게 주어진 자들을 결코 잃어버리지 않으실 것이다.

그러나 이러한 사실에도 불구하고 배교자들은 성도들도 은총에서 떨어져 지옥에 갈 수 있다고 반박한다.

이러한 견해에는 다음과 같은 질문으로 반론을 제기할 수 있다. "어떤 점에서 이스라엘의 보호자가 실패하였는가? 그의 신실하심에, 자비로우심에, 혹은 능력에 부족함이 있었는가?" 그는 자비롭고 신실한 대제사장처럼 시험받는 자들을 능히 도우실 수 있다(히 2:17-18).

그렇다면 그의 능력이 부족한가? 그는 자신에 대해서 이렇게 말씀하셨다. "하늘과 땅의 모든 권세를 내게 주셨으니"(마 28:18). "그러므로 자기를 힘입어 하나님께 나아가는 자들을 온전히 구원하실 수 있으니"(히 7:25).

또한 그들은 예수 그리스도께서 그분에게 나아오는 자들을 절대 내쫓지는 않으시겠지만, 그들이 중도에 돌아가 그분을 충분히 만나지 못하는 경우가 있지 않느냐고 주장하기도 한다.

이에 대해서 우리는 이렇게 반문할 수 있다. "예수 그리스도께로 나아오던 자, 곧 예수 그리스도가 맞이하실 준비가 되어 있던 자는 신자인가, 아닌가? 만약 그에게 믿음이 없었다면 어떻게 그가 예수 그리스도께 나아가고 있었다고 할 수 있는가? 또 만약 그에게 믿음이 있었다면 어떻게 그때까지 그리스도께 나아오지 않았겠는가?"

성도들이라 할지라도 잘못된 교리나 거짓 교리에 유혹될 수 있다. 그러나 만약 유혹을 받는다 해도 그것은 잠시일 뿐 그들의 머리이신 예수 그리스도와의 연합에 모순되는 것은 결코 아니다. 그러므로 성도들이 잠깐 믿음의 특정한 기초 교리들을 망각하거나, 심지어 그것을 믿지 않을 수도 있지만 그것이 예수 그리스도와 분리된 것은 아니다.

예수 그리스도께서는 성령이 모든 진리 가운데로 우리를 인도하실 것이라고 약속하셨다. 따라서 진정한 성도들이 이러한 부인 가운데 지속적으로 산다는 것은 있을 수 없다. 예수 그리스도에 대한 전적인 부인은 영혼 가운데 있는 예수 그리스도의 삶과 모순되는 신앙과 삶의 방식들일 것이다.

베드로는 갑작스런 시험이 닥쳤을 때 주님을 부인했다. 그것은 고의적이거나 미리 계획된 것이 아니었다. 예수님께서는 베드로를 포기하지 않으시고 그를 위해 기도하셨고, 베드로는 회개하고 주님께 다시 돌아왔다. 그러므로 베드로가 예수 그리스도를 완전히 부인한 것은 아니었다.

이 장을 마치기 전에, 하나님께서 그분의 백성을 구원하심에 대한 그분의 변하지 않는 목적들을 명백히 보여 주는 또 다른 성경 구절 두 군데를 언급하겠다.

첫 번째 성경 구절은 에베소서 1장 3-5절이다. "찬송하리로다 하나님 곧 우리 주 예수 그리스도의 아버지께서 그리스도 안에서 하늘에 속한 모든 신령한 복을 우리에게 주시되……우리를 택하사……그 기쁘신 뜻대로 우리를 예정하사 예수 그리스도로 말미암아 자기의 아들들이 되게 하셨으니."

하나님의 이 변하지 않는 목적은 성도들의 칭의, 양자 됨 그리고 성령을 통해 열매 맺는 삶 가운데 하나님의 은총과 자비가 솟아나는 원천이다. 그분의 뜻 가운데 이루어진 하나님의 목적은 "우리로 사랑 안에서 그 앞에 거룩하고 흠이 없게"(4절) 하려는 것이다.

두 번째 성경 구절은 데살로니가후서 2장 13-14절이다. "하나님이 처음부터 너희를 택하사 성령의 거룩하게 하심과 진리를 믿음으로……주 예수 그리스도의 영광을 얻게 하려 하심이니라."

이 구절에는 전적으로 영적이며 영원한 자비, 즉 하나님이 우리를 택하신 영원한 행동에 대한 목적이 다시 나타난다.

하나님은 어떤 마지막을 그리고 계실까? 우리의 구원과 우리 주 예수 그리스도의 영광이 아니겠는가! 하나님께서는 우리를 부르심과 칭의 그리고 성화를 통해 우리 안에서 그분의 목적을 이루어 가신다.

4
chapter

변하지 않는 하나님의 언약

지금까지 하나님의 속성과 그의 목적을 생각해 봄으로써 성도들을 향한 하나님의 사랑은 늘 변함이 없음을 알게되었다. 이제부터는 똑같은 진리가 하나님의 은혜의 언약에 어떻게 나타나 있는지 살펴보도록 하자.

하나님의 백성들을 향한 변함없는 은혜의 기초는 그분의 뜻과 목적에 근거한다. 이 주장을 뒷받침하기 위해서는 성경 구절 두 군데를 살펴보아야 한다.

첫 번째 구절은 하나님께서 아브라함에게 약속을 주신 창세기 17장 7절이다. "내가 내 언약을 나와 너 및 네 대대 후손 사이에 세워서 영원한 언약을 삼고 너와 네 후손의 하나님이 되리라."

이 언약은 아브라함의 자연적인 후손들, 곧 유대 민족에게는 제한적으로 성취되었지만 아브라함의 영적 자손들, 즉 약속의 자녀들에게는 진정으로 성취되었다. 여기서 영적 자녀들은 예수 그리스도를 통해 하나님의 은총을 입은 모든 사람들을 포함

한다. 모든 믿는 자들은 이 언약으로 말미암아 믿음이 있는 아브라함과 함께 복을 받는다(갈 3:9).

에베소서 1장 3절은 모든 **신령한 복**에 대해 말하고 있다. 만약 하나님의 사랑 가운데 견인되는 것이 신령한 축복이라면 아브라함뿐만 아니라 세상의 모든 믿음을 가진 자들이 예수 그리스도 안에서 신령한 복을 받았다고 하는 것이 맞을 것이다.

다윗은 이사야 선지자와 사도 바울이 말한(사 55:3; 행 13:34) **확실한 은혜**의 근원은 하나님과 자신이 맺은 영원한 언약이며, 그것이 만사를 구비하고 견고케 했음을 깨달았다. 그에게 이 확실한 은혜는 그의 모든 구원과 그의 모든 소원이었다(삼하 23:5).

두 번째 구절은 예레미야 31장 31-34절이다. 하나님께서는 예레미야에게 하나님과 이스라엘 집 사이에 세우신 언약이 영원한 언약임을 확신시켜 주신다. 이러한 새 언약은 옛 언약을 영원토록 대신한다(렘 32:38-40).

하나님께서는 새 언약을 그들 속에 두고 그들의 마음에 기록하시어 더 이상 그들의 죄를 기억하지 않겠다고 약속하셨다. 또한 하나님은 그들의 하나님이 되고 그들은 하나님의 백성이 될 것이라고 약속하셨다.

죄는 두 가지 방법으로 인간을 하나님으로부터 단절시킨다. 첫째로 인간이 죄를 범했으므로 하나님께서 죄인을 버리시는 것은 마땅하다. 하나님의 의는 하나님께서 이처럼 엄격하게 행동하기를 요구한다.

둘째로 죄의 세력과 속임수가 사람들을 "자기 행위로 보응이 가득"(잠 14:14)하게 될 때까지 하나님으로부터 멀어지게 만든다.

이 분리를 야기하는 요인들이 제거된다면 하나님과 인간은 화평과 화합 속에서 화해할 수 있다. 이것이 바로 하나님께서 하신 일이다.

예레미야 31장 34절에서 하나님께서는 "내가 그들의 악행을 사하고 다시는 그 죄를 기억하지 아니하리라"고 약속하셨다. 예수 그리스도로 말미암아 죄는 하나님의 의에 가장 큰 영광을 안겨 주는 방법으로 제거되었다. 하나님은 예수 그리스도를 화목제물(혹은 대속을 위한 희생제물)로 삼으셨다. 다시 말해서, 죄를 제거하여 하나님의 진노를 피할 수 있는 분은 오직 예수 그리스도 한 분뿐이신 것이다(롬 3:25).

하나님은 "내가 나의 법을 그들의 속에 두며 그들의 마음에 기록하여"(렘 31:33)라고 하시며 믿는 자들의 경험 가운데 있는 죄의 세력과 속임수를 끊겠다고 단언하셨다. 또한 하나님은 이를 더 강조하시기 위해 "나를 경외함을 그들의 마음에 두어 나를 떠나지 않게"(렘 32:40) 하리라고 말씀하셨다.

히브리서 8장 9–12절은 예수 그리스도의 피로 확증되어 변함이 없을 새 언약과 율법 준수라는 인간의 행위에 의존해야 했던 옛 언약을 대조한다.

두 사람이 언약이나 계약을 맺을 때는 아무도 그것이 지켜질 것이라고 확신할 수 없다. 한 사람이 모든 계약사항을 준행한다 하더라도 상대방이 그 계약을 어긴다면 파기되기 때문이다. 이는 하나님과 아담 사이에서도 마찬가지였다. 하나님께서는 신실하게 약속을 이행하셨지만 아담은 언약을 지키지 못했다. 따라서 언약은 무효화되었다. 부부 사이의 언약도 그러하다. 한쪽이 언약에 충실하지 않는데 다른 한쪽은 그 언약을 지킬 것이라고 할 수 없다.

그러나 하나님의 새 언약은 완전히 다르다. 하나님께서는 그 언약이 파기되지 않도록 모든 책임을 맡으셨다. 하나님께서는 그분의 위대한 은혜의 사역을 손상시킬 수 있는 우리에게 언약의 기초를 두지 않으시고 그분의 사랑하는 독생자 예수 그리스도의 피에 언약의 기초를 두셨다. 이러한 하나님을 찬양하라!

사람과 하나님 사이는 죄로 인해 단절되어 멀어졌다. 그러므로 하나님과 사람의 관계는 중보자나 중재자에 의해서만 다시 좁혀질 수 있었다. 그 중재자가 바로 피로 언약을 확증시키신, 곧 사람이신 예수 그리스도이시다(딤전 2:5). 그분은 어제나 오늘이나 영원토록 동일하시고 변함없는 분으로서 보다 나은 약속 위에 세워진, 보다 나은 언약의 중보자이시다(히 13:8).

하나님의 약속은 그리스도 안에서 얼마든지 "예"가 된다(고후 1:20). 하나님께서는 그의 아들 안에서 그의 언약의 모든 약속들이 이루어질 것을 보증하셨다. 하나님께서는 그리스도의 죽음으로 말미암아 그분의 약속들을 유산으로 만드셨고, 그것을 그분의 언약에 포함된 사람들에게 물려주셨다.

"그의 언약을 지키시는 하나님"은 하나님의 신실하심을 강조하는 이름 중 하나이다. 그렇다면 하나님께서는 그분의 언약에서 무엇을 약속하셨는가?

첫째로, 하나님은 우리를 절대로 버리지 않겠다고 약속하셨다. 그리고 둘째로, 우리가 하나님을 버리는 것을 절대 허락하지 않겠다고 하셨다. 이를 통해 우리는 하나님의 은혜의 언약이 불확실한 인간의 의지에 의해 영향을 받을 수 없다는 사실을 알 수 있다.

5
chapter

변하지 않는
하나님의 약속

이제는 거짓이 없으신 하나님의 약속들, 곧 믿는 자들을 향한 하나님의 변함없는 사랑과 은혜를 보장하는 그 약속들에 눈을 돌려보자.

"하나님의 약속은 조건적이다"라는 주장이 분명 제기될 수 있다. 즉 하나님의 약속은 그 약속을 맺은 사람에 따라 어느 정도 다를 수 있다는 것이다. 그러므로 약속을 받은 사람에게 어떤 변화가 일어난다면 그 약속은 성취될 수 없는 것이다. 이것이 우리가 특별하게 생각하고 있는 약속들에도 적용되는지에 대해서는 후에 살펴보기로 하고, 지금은 약속 그 자체에 대하여 살펴보겠다.

이 약속들의 본질과 탁월성을 생각하여 이를 **복음 약속들**(gospel promises)이라 부르기로 하자. 복음 약속들은 신약에서만 찾아볼 수 있지만, 옛 언약 아래 있는 하나님의 백성들에게 용기를 주기 위해 죄가 이 세상에 들어온 때부터 주어졌다.

율법 아래 주어진 약속들에서 **생명에 들어가는** 것은 항상 **계명을 지키는** 것과 관련되어 있었다(마 19:17). 그러나 복음 약속들은 하나님께서 은혜의 언약 안에서 그리스도 예수를 통해 주신, 죄인을 향한 그분의 선한 뜻과 사랑의 계시이고 거저 주시는 은혜이므로 율법 아래 주어진 약속들과는 다르다. 우리는 앞서 4장에서 하나님께서 어떻게 진리와 신실함으로 그들의 하나님이 될 것을 약속하셨는지를 살펴보았다. 하나님께서는 그들을 위해 독생자를 주셨고, 성령을 보내주셔서 그들과 함께 거하시도록 하셨다.

복음 약속들 하나하나는 동일한 사랑, 동일한 예수 그리스도, 동일한 성령을 보여준다. 이 약속들은 오직 하나님의 선한 뜻과 기쁨으로 주어진 것이기에 값없고 은혜롭다. 성경을 통해 우리에게 주어진 약속들은 세상 속에서 우리가 스스로 얻을 수 있는 것과 대조를 이룬다(갈 3:18).

하나님께서는 우리에게 당신의 사랑과 거저 주시는 은혜와 자비로 예수 그리스도를 약속하셨다(요 3:16; 롬 5:8; 요일 4:10). 이 약속이 조건적으로 보일 수도 있다. 하지만 이것은 하나님의 약속의 선물이신 예수 그리스도와 불가분의 관계를 맺고 있기 때문에 실제로는 거저 주시는 하나님의 은혜이다.

복음 약속들은 하나님의 선한 뜻과 사랑을 선포한다. 그러므로 죄인들에게 은혜와 선한 뜻을 말해 주는 모든 것들이 하나님의 약속이라고 생각해야 한다.

하나님의 약속들이 항상 미래만 나타내는 것은 아니다. 과거에 하나님께서 행하신 일들이나 현재 행하고 계신 일들도 하나님의 약속들이 될 수 있다. 이 약속들은 원래 죄인들과 맺은 것임을 잊어서는 안 된다. 죄인을 위한 약속들이 아니었다면 세상의 그 누구도 이 약속들로 유익함을 얻지 못할 것이다. 성경이 모든 것을 죄 아래에 가두었다고 선포하고 있기 때문이다(갈 3:22).

모든 사람들은 그리스도를 믿음으로 말미암아 약속된 구원이 그들을 자유롭게 할 때까지 죄의 포로이다. 죄로부터의 구원은 하나님의 은혜로 말미암는 것이며 또한 모든 은혜는 그분의 약속으로부터 나오는 것이다.

하나님의 선한 뜻은 예수 그리스도를 통해 우리에게 계시되었다. "하나님의 약속은 얼마든지 그리스도 안에서 예가 되니"라고 고린도후서 1장 20절이 선포하듯이 예수 그리스도께서는 언약이 필요로 하는 모든 것을 충족시킬 수 있는 담보이시며 보증이시다.

그러므로 복음 약속들은 은혜의 언약 가운데 우리에게 나타내신 하나님의 선한 뜻의 표현이다. 바울은 이것을 **약속의 언약들**(the covenants of the promise)이라고 부른다(엡 2:12). 엄격히 말해서 언약과 약속(예수 그리스도)은 단수로 생각해야 되지만 사도 바울은 이 언약과 약속이 여러 차례에 걸쳐서 주어졌고 재개되었기 때문에 이를 복수형으로 사용했다. 따라서 히브리서 8장 6절은 은혜의 언약이 거짓이 없으신 하나님께서 주신 더 좋은 약속, 곧 복음 위에 세워졌다고 말한다(딛 1:2).

하나님께서는 무엇을 하겠다고 약속하셨는가? 본질적으로, 그분은 예레미야에게 말씀하셨듯이 우리의 하나님이 될 것이라고 약속하셨다. "나는 그들의 하나님이 되고 그들은 내 백성이 될 것이라"(렘 31:33). 그분이 우리의 하나님이 되시기 위해서는 다음 두 가지가 필요하다.

1. 우리와 하나님 사이를 단절시키는 모든 것들이 제거되어야 하며 온전한 화목이 이루어져야 한다.

하나님은 우리에게 예수 그리스도를 우리의 구원자, 의, 화평으로 주심으로써 이 필요를 충족시키셨다.

2. 우리는 하나님을 우리의 하나님으로 섬기며 교제하고 그분을 기뻐해야 한다.

하나님은 우리에게 성령을 선물로 주심으로 이 필요를 충족시키셨다. 그분은 성령을 통하여 우리로 하여금 빛 가운데서 성도의 기업의 부분을 얻도록 하셨다(골 1:12). 이 성령의 약속은 구약성경이나 신약성경에 자주 언급되며 때로 **언약의 약속**이라 불리기도 한다.

사도행전 2장 39절에서 베드로는 "이 약속은 너희와 너희 자녀……에게 하신 것이라"고 말했다. 여기서 그는 앞서 33절에 언급된 **약속하신 성령**, 즉 그리스도께서 아버지께로부터 받은 약속을 지칭한 것이다.

이 두 가지 위대한 약속에 기인하여 예수 그리스도와 성령이라는 선물이 믿는 자들에게 위로로 부어진다. 예수 그리스도와 성령이야말로 성도들이 하나님을 영접하고 그분의 임재를 즐거워 하게 해주는 모든 것이기 때문이다.

한 걸음 더 나아가서, 이 약속들 중 어느 하나에라도 관심이 있는 사람이라면 두 가지 모두에 그리고 둘의 근원이신 하나님의 사랑에도 관심을 보일 것이다. 심지어 가장 조건적으로 보이는 하나님의 약속조차 그분의 조건 없는 사랑에 기인한 것이다.

믿는 자들에게 생명을 약속하신 하나님께서는 그분이 약속하신 믿음의 선물을 위해 우리가 충족시켜야 할 그 어떤 조건도 내세우지 않으셨다. 왜냐하면 우리가 죄인이기 때문이다.

우리는 하나님의 약속들에 대하여 다음과 같은 본질을 생각해 볼 수 있다.

1. 하나님의 모든 약속은 거짓이 없으며 신뢰할 수 있다. 모든 약속은 성취된다.

하나님의 속성은 약속의 성취를 보증한다. 약속의 불이행은 그분의 변하지 않는 속성에 불명예를 초래할 것이다. 인간도 상황에 따라 약속을 지킬 수 없을 경우 엄숙한 약속을 하지 않는다. 하물며 전지전능하신 하나님께서 약속하실 때는 더욱 그러하시지 않겠는가?

2. 우리는 하나님이 그의 약속을 이행하신 많은 방법을 깨닫지 못할 수 있다.

즉 하나님은 그가 약속하신 것을 정확히 성취하셨으나 우리가 그 사실을 깨닫지 못하고 있을 수도 있다.

3. 하나님의 조건적인 약속들 또한 절대적인 의미로는 성취되었을 수도 있다.

"믿는 자는 구원을 얻을 것이라"는 말씀에서 믿음과 구원 사이에는 깨지지 않는 관계가 있다. 누가 믿든 안 믿든 상관없이 이 진술은 사실이다. 예를 들어, 조건적인 약속들은 "계명을 지키는 자는 살리라"는 말씀과 같이 하나님의 뜻을 선포하거나 하나님의 뜻이 행해지는 방법을 보여주는 것일 수도 있다.

4. 성도의 견인과 관련된 약속은 두 가지이다.

성도를 향한 하나님의 은혜가 어떻게 지속되는지를 보여주거나(칭의), 혹은 그 약속과 하나님에 대한 그들의 지속적인 순종의 관계를 보여준다(성화).

조건적으로 보이는 성화와 관련된 약속들도 실제로는 절

대적이다. 하나님께서는 믿는 자들에게 그들이 영원토록 하나님의 언약 아래 거할 것이라고 약속하셨다. 이에 대해 어떤 사람들은 "그렇지만 그것은 그들이 자진해서 예수 그리스도의 멍에를 벗어버리거나 하나님으로부터 떠나지 않는다는 조건하에 그런 것이 아닌가?"라고 주장한다.

우리는 이 질문에 이렇게 대답할 수 있다. "그것은 성도들이 하나님과 함께할 때, 그분과 함께하게 될 것이라는 말 아닌가?" 이것은 이치에 맞지 않는다. 하나님께서는 영원한 사랑으로 우리를 사랑하시므로 우리를 친히 인도하시며 그분과 함께하도록 이끌어 주신다.

하나님께서 우리에게 약속들을 주시는 한 가지 중요한 목적은 여호수아에게 말씀하셨듯이 성도들이 어떤 상황에 있든지 위로하시기 위함이다. "너와 함께 있을 것임이니라 내가 너를 떠나지 아니하며 버리지 아니하리니"(수 1:5).

어떤 사람들은 "하나님이 개인과 약속을 맺으시는 것이 아니라 그 개인이 소유하고 있는 자격과 약속을 맺으신다"고 주장한다. 우리는 이에 대해 "약속은 분명히 지켜져야 하지만 약속의 성취가 누군가의 자격에 좌우된다면, 그 약속은 사람과의 약속이 아니라 자격과의 약속이 되는 것이다"라고 대답할 수 있다.

하나님께서는 선택된 사람들을 분명히 **약속의 자녀**라고 부르셨다(롬 9:8). 그러므로 약속된 것들은 상대에 따라 종종 좌우될 수 있지만 약속 자체는 절대적임을 알 수 있다.

하나님의 약속이 분명히 성취될 것이라는 사실은 틀림이 없다. 사도행전 27장에서 하나님께서는 바울에게 함께 배에 타고 있는 사람들 중 생명에 손상을 입는 자는 아무도 없을 것이라고 약속하셨다. 그러나 바울이 "이 사람들이 배에 있지 아니하면 너희가 구원을 얻지 못하리라"(31절)고 말하는 것은 그 약속과 모순되지 않는다.

성도들은 신실하신 하나님의 약속을 온전히 믿을 수 있다. 바울은 데살로니가전서 5장 24절에서 "너희를 부르시는 이는 미쁘시니 그가 또한 이루시리라"고 말하고 있다.

구원의 불변성과 영원성에 관한 명쾌한 설명

웨스트민스터 신앙고백
(The Westminster Confession of Faith, 1647)

제17장 성도의 견인에 대하여

1. 하나님께서 그의 사랑하시는 자 안에서 용납하시고 유효적으로 부르시고 그의 성령으로 거룩하게 하신 자는 전적으로 또는 최종적으로 은혜의 상태에서 떨어질 수 없고 끝까지 그 안에서 확실하게 견인하여 영원히 구원을 받는다.1)

They, whom God has accepted in His Beloved, effectually called, and sanctified by His Spirit, can neither totally nor finally fall away from the state of grace, but shall certainly persevere therein to the end, and be eternally saved.[1]

1) 빌 1:6; 벧후 1:10; 요 10:28-29; 요일 3:9; 벧전 1:5, 9

2. 성도들의 견인은 저희의 자유 의지에 달려 있는 것이 아니라 변할 수 없는 선택의 예정에 의존되어 있는데 이것은 성부 하나님의 값없이 주시고 불변하시는 사랑에서 나온 것이며[2] 또한 예수 그리스도의 공로와 효력에 의존되어 있으며[3] 성령의 내재하심과 성도들 속에 있는 하나님의 씨와[4] 은혜의 계약의 성질에 의존된 것이니[5] 이 모든 것에서 확실성과 무오성이 생긴다.[6]

This perseverance of the saints depends not upon their own free will, but upon the immutability of the decree of election, flowing from the free and unchangeable love of God the Father;[2] upon the efficacy of the merit and intercession of Jesus Christ,[3] the abiding of the Spirit, and of the seed of God within them,[4] and the nature of the covenant of grace:[5] from all which arises also the certainty and infallibility thereof.[6]

2) 딤후 2:18-19; 렘 31:3

3) 히 10:10, 14장, 13:20-21, 9:12-15; 롬 8:33-39; 요 17:11, 24; 눅 22:32; 히 7:25

4) 요 14:16-17; 요일 2:27, 3:9

5) 렘 32:40; 히 8:10-12

6) 요 10:28; 살후 3:3; 요일 2:19

3. 그러나 저희는 사탄과 세상의 유혹으로, 저희 속에 남아 있는 부패성의 득세로 또한 저희를 보존하는 방편을 무시함으로 중한 죄에 떨어져서[7] 죄 속에서 얼마 동안 지나며[8] 하나님의 진노를 일으키고[9] 성령을 근심시켜[10] 어느 정도 은혜와 안위를 빼앗기고[11] 마음이 강퍅하게 되고[12] 저희 양심으로 상함을 받게 하고[13] 다른 사람을 상하고 중상하며[14] 이 생의 심판을 저희에게로 끌어올 수 있다.[15]

Nevertheless, they may, through the temptations of Satan and of the world, the prevalency of corruption remaining in them, and the neglect of the means of their preservation, fall into grievous sins;[7] and, for a time, continue therein:[8] whereby they incur God's displeasure,[9] and grieve His Holy Spirit,[10] come to be deprived of some measure of their graces and comforts,[11] have their hearts hardened,[12] and their consciences wounded;[13] hurt and scandalize others,[14] and bring temporal judgements upon themselves.[15]

7) 마 26:70, 72, 74

8) 시 51:1-19, 51:14

9) 사 64:5, 7, 9; 삼하 11:27

10) 엡 4:30

11) 시 51:8, 10, 12; 계 2:4; 아 5:2-4, 6

12) 사 63:17; 막 6:52

13) 시 32:3-4, 51:8

14) 삼하 12:14

15) 시 89:31-32; 고전 11:32

Part III

CHRISTIANS ARE FOR EVER

6
chapter

약속에 신실하신 하나님

지금까지 하나님의 약속에 대해 살펴보았는데, 이제는 하나님의 특별 약속을 알아보도록 하자. 여호수아가 요단강을 건너기 바로 직전에 여호와 하나님께서는 그에게 굉장히 개인적인 약속을 하셨다. "너와 함께 있을 것임이니라 내가 너를 떠나지 아니하며 버리지 아니하리니"(수 1:5).

언뜻 보기에 이 약속은 단지 여호수아에게 주어진 것처럼 보인다. 성령이 이 말씀을 우리로 하여금 우리의 상황에 적용시킬 수 있게 해주심에 따라, 우리는 이 약속을 자신을 위해 사용하는 것을 배웠다.

가나안 정복을 위해 하나님께 선택되었던 이스라엘의 군대장관 여호수아에게 이 약속은 용기를 얻기 위해 필요한 것이었다. 그러나 이 약속은 여호수아뿐 아니라 우리를 위로하는 구약성경의 수많은 약속들 중 하나이다.

또한 우리는 "무엇이든지 전에 기록된 바는 우리의 교훈을 위하여 기록된 것이니 우리로 하여금 인내로 또는 성경의 위로로 소망을 가지게 함이니라"(롬 15:4)는 것을 배웠다. 오늘날의 성도들도 시편 기자 못지않은 자신감으로 "주는 나를 돕는 이시니"(히 13:6; 시 118:6-7)라고 말할 수 있을 것이다.

그러므로 원래 여호수아에게 주어졌던 이 약속은 모든 세대의 거룩한 자들에게 순종을 권유하는 것이며, 성도들을 향한 여호와의 선한 뜻의 간증이다.

시편 89편 30-34절에서 하나님께서는 그의 백성이 그의 계명을 어긴다 할지라도 그의 인자함을 거두지 아니하며 백성과 맺은 언약도 파하지 않겠다고 약속하셨다. 그들이 계명을 어긴다면 하나님께서는 그들의 삶의 외적, 내적 상황을 통해 그의 임재를 느끼지 못하게 함으로써 그들을 꾸짖으시고 잘못을 정정하게 하실 것이다.

그들이 자신들의 죄 때문에 하나님으로부터 버림을 받는 것은 당연하지만 하나님께서는 그들을 버리지 않으실 것이다. 하나님께서는 당신의 인자함과 성실함, 언약 그리고 약속과 맹세를 서약하셨다.

그들을 버리시지 않는 것이 하나님 편에서 볼 때 전적으로 부정적인 행동은 아니다. 하나님께서 그들과 항상 함께하신다는 긍정적인 확신을 심어주기 때문이다. 하나님께서 이사야 27장 3절에서 약속하셨듯이 포도밭을 정성으로 보살피실 것이다. 비록 포도밭이 잠시 동안 메마른 것처럼 보일지라도 하나님께서는 지속적으로 물을 주고 보살피심으로 그것을 마침내 가장 훌륭한 포도주를 생산하는 포도밭으로 만드실 것이다.

하나님께서 이처럼 행하시는 것은 그들 속에 훌륭한 것이 있어서가 아니라 하나님의 위대한 이름을 위해서이다. 하나님의 **이름**은 우리에게 알려진 하나님에 대한 모든 것, 곧 그의 모든 속성이나 그의 뜻, 그의 영광을 상징한다. 하나님께서 그의 위대한 이름을 위해서 무엇을 하시든지 그것은 그의 본질과 영광을 드러내는 일이다.

우리는 예수 그리스도 안에서 하나님의 온전한 미쁘심과 은혜를 본다. 하나님의 모든 선하심과 자비하심은 "모든 일을 그의 뜻의 결정대로 일하시는"(엡 1:11) 그의 본성에서 비롯된다.

하나님의 선하심과 인자하심이 일평생 자신을 따르리라는 확신을 가진 다윗은 "내가 여호와의 집에 영원히 살리로다"(시

23:6)라고 자신 있게 선포했다. 하나님의 약속에 대한 다윗의 응답은 그의 편에서의 지속적인 순종을 약속한 것이다.

시편 125편 2절의 말씀은 그의 백성과 함께하시는 하나님의 영원한 임재에 대한 강력한 간증이다. "산들이 예루살렘을 두름과 같이 여호와께서 그의 백성을 지금부터 영원까지 두르시리로다." 인간이 예루살렘을 두른 산들을 뒤엎는 것이 불가능하듯이 하나님의 백성의 원수들이 그들을 영원한 파멸로 몰아넣는 것은 불가능한 일이다. 여기서의 원수들은 인간적인 적들뿐 아니라 영적인 적들도 의미한다.

하나님은 이사야 54장 7-10절에서 그의 은혜로우신 뜻을 의심하지 않도록 깨지지 않는 맹세와 더불어 그의 의도를 확인시키신다. "내가 다시는 노아의 홍수로 땅 위에 범람하지 못하게 하리라 맹세한 것 같이……나의 자비는 네게서 떠나지 아니하며 나의 화평의 언약은 흔들리지 아니하리라 너를 긍휼히 여기시는 여호와께서 말씀하셨느니라"(9-10절).

인간의 죄악에도 불구하고 노아의 홍수 이래 하나님께서는 그의 언약을 충실히 지켜 오셨다. 이 세상은 전 자연에 미치는 두 번째 대홍수로 인해 멸망되지 않았으며 앞으로도 그런 일은 영원히 없을 것이다.

개중에는 하나님의 약속을 죄를 부추기는 요인으로 악용하는 사람들도 있다. 이런 이들은 죄의 저주로부터 구원받은 사람을 향한 사랑의 책임감이 전혀 없는 사람들이다. 그들은 하나님의 사랑이 어떤 것인지, 독생자의 보혈과 성령의 은혜가 무엇인지 전혀 모르는 사람들이다.

그러나 우리는 이런 보배롭고 지극히 큰 약속들로 말미암아 세상에서 정욕으로 인해 썩어질 것을 피할 수 있다. 이런 약속들로 말미암아 우리는 신성한 성품에 참여하는 자가 된다(벧후 1:3-4).

그러므로 고린도후서 7장 1절에서 바울은 이렇게 말한다. "그런즉……이 약속을 가진 우리는 하나님을 두려워하는 가운데서 거룩함을 온전히 이루어 육과 영의 온갖 더러운 것에서 자신을 깨끗하게 하자." 하나님께서는 은혜를 더하게 하려고 죄에 거하는 것을 금하셨다(롬 6:1-2).

하나님께서는 호세아 2장 19-20절에서 당신과 백성의 친밀함을 나타내시기 위해, 인간관계에서 가장 친밀한 남편과 아내의 관계를 사용하신다. "내가 네게 장가 들어 영원히 살되 공의와 정의와 은총과 긍휼히 여김으로 네게 장가 들며 진실함으로 네게 장가 들리니 네가 여호와를 알리라." 이전 구절들은 이 놀라운 선포에 대한 배경(우상을 숭배하는 이스라엘 전체에 대한 여호와의 심판의 위협)을 설명해 준다.

그러나 14절에서는 갑자기 태도를 바꾸시어 그들 중 진정한 이스라엘 사람들에게는 네 가지 큰 복을 베푸실 것을 서약하신다.

그들은 복음으로 여호와께 돌아올 것이며 우상숭배로부터 건짐을 받고 그들의 평안과 평화를 방해하는 모든 것들로부터 보호받을 것이다. 그리고 이 영원한 은혜의 언약 가운데 하나님께서는 그의 백성에게 장가드실 것이다. 이러한 약속들은 일시적인 축복을 초월하여 복음의 모든 영적 축복들을 포함하는 것이 분명하다.

그렇다면 이런 약속들은 누구에게 주어지는 것인가? 하나님의 약속에 의하면 하나님의 자녀들이다. 그들은 믿지 않는 자들과 구별된 자들이며, 하나님께서 위로의 말씀을 주신 자들이다. 하나님께서는 이스라엘 민족을 애굽에서 광야로 이끌어 내신 것과 같이 그의 백성을 죄의 정욕에서 분리시켜 하나님 안에서 기쁨을 누리도록 인도하신다.

이스라엘 민족은 광야에서 무엇을 할지, 어디로 가야 할지 몰랐지만 그들을 인도해 주실 하나님을 전적으로 의지했다. 이때는 여호와께서 정다운 말로 이스라엘 백성들을 그들의 거짓 생각에서 떠나게 하시던 사랑의 시간이었다.

하나님께서는 이사야 40장 1절에서 또다시 그들에게 말씀하신다. "너희의 하나님이 이르시되 너희는 위로하라 내 백성을 위로하라." 요즘 성도들도 마찬가지로 자신의 죄를 용서받기를 고대하고 있다.

하나님께서는 성도들이 영원히 그와 하나 될 것을 약속하신다. 하나님께서는 그들이 한때 어떤 사람들이었는지, 하나님을 떠나서 여전히 어떤 사람들인지 아시면서도 그렇게 약속하셨다. 하나님께서는 그들을 아주 잘 알고 계시지만 그들 또한 하나님을 알게 될 것이라고 약속하신다. 하나님께서는 그들에게 "내가 네게 장가들지니라"고 말씀하신다.

요한복음 10장 27-29절의 말씀은 구원자가 그의 양들을 잘 아는 것이 그들의 영원한 안전을 보장하는 것임을 말한다. 전능하신 하나님께서는 그의 백성들을 영원히 그의 양으로 남게 하실 것이며 그 누구도 그들을 하나님의 손에서 빼앗을 수 없을 것이다.

모든 양들은 구원자의 말씀으로 보존된다. "내가 그들에게 영생을 주노니 영원히 멸망하지 아니할 것이요 또 그들을 내 손에서 빼앗을 자가 없느니라"(28절).

7

chapter

그리스도의 중재 사역

    이제 우리는 예수 그리스도의 중재 사역에 대해 살펴보도록 하겠다. 예수 그리스도께서는 하나님 아버지의 신실하신 약속의 중재자이실 뿐만 아니라 하나님 아버지께 충실하겠다는 우리의 약속에 대한 중재자이시다.

    이때 우리는 이런 질문을 던질 수 있다. "예수 그리스도의 희생과 중재가 성도의 견인과 도대체 무슨 상관이 있는가?" 그가 중재하신다는 사실은 의심의 여지가 없는 것이다. "그러므로 자기를 힘입어 하나님께 나아가는 자들을 온전히 구원하실 수 있으니 이는 그가 항상 살아 계셔서 그들을 위하여 간구하심이라"(히 7:25). 또한 예수 그리스도의 희생은 성도들의 구원을 다음과 같은 두 가지 면에서 보증한다.

1. 예수 그리스도의 희생은 하나님으로부터 성도들을 단절시키는 모든 세력들을 제거한다.

    이것은 죄책, 죄, 사탄의 세력으로 요약될 수 있다. 그러나 우리의 죄책은 예수 그리스도께서 우리를 위하여 영원한 속죄를 이루심으로 없어졌다(히 9:12). 즉 그의 죽으심으로 인하여 우리는 속량, 곧 영원한 죄 사함을 받았다(엡 1:7).

구약성경의 제사는 예수 그리스도의 죽음의 모형이었다. 그러나 제단에 해마다 드려지는 제사로는 하나님께로 나오는 자들을 온전하게 할 수 없었고, 그들의 죄를 완전히 사할 수도 없었다. 율법대로 드려진 제사로 섬기는 자들이 단번에 정결하게 되었다면 그들은 계속해서 제사를 드릴 필요가 없었을 것이다(히 10:1-3).

그러나 예수 그리스도께서는 속죄제로써 하나님께 구별된 모든 자들을 단번에 영원토록 온전하게 하신다. 예수 그리스도께서는 우리를 그와 **하나로** 만드시고 우리가 하나님께 용납될 수 있도록 우리에게 영원한 의를 주신다. 그리고 그로써 하나님 아버지와 우리를 화해시키셨다. 로마서 8장 34절에 제기된 "누가 정죄하리요"라는 질문의 완전한 답은 바로 "죽으실 뿐 아니라 다시 살아나신 예수 그리스도"이시다.

예수 그리스도의 죽으심에도 불구하고 많은 사람들은 평생 죄 속에서 괴로워하며 고통 속에 살아간다. 하지만 예수 그리스도의 죽으심과 부활을 믿는 자들은 완전히 속죄되었으므로 죄는 더 이상 그들을 하나님으로부터 단절시킬 수 없다. 하나님께서는 당신의 독생자이신 예수 그리스도의 순종과 죽음을 통해 구원의 은혜의 영원한 목적을 나타내 보이셨다.

하나님의 심판은 죄를 범하는 자는 죽을 수밖에 없다고 선언한다(롬 1:32). 그러나 예수 그리스도의 의는 하나님께서 죄 많은 피조물들을 공의롭게 받아들이실 수 있는 길을 열어 주었다. 하나님의 공의는 우리의 행위가 아니라 예수 그리스도의 행위로 인해 충족되었으며, 그리스도의 죽음은 하나님의 법을 충족시켰다.

이 율법은 하나님 자신의 거룩함의 반영으로 누구든지 항상 율법 책에 기록된 대로 행하지 않는 자는 저주 아래에 있는 자라고 했다(갈 3:10). 예수 그리스도께서는 죽으심으로 율법의 저주에서 우리를 속량하셨다.

하나님의 율법을 어기는 자는 큰 저주 아래 있음을 율법은 기록하고 있다. 그러나 율법에는 오로지 하나의 저주밖에 없으므로, 예수 그리스도께서 대신해서 죽으신 자들에게는 또 다른 율법의 저주가 없다.

"그리스도께서 우리를 위하여 저주를 받은 바 되사 율법의 저주에서 우리를 속량하셨으니"(갈 3:13). "하나님이 죄를 알지도 못하신 이를 우리를 대신하여 죄로 삼으신 것은 우리로 하여금 그 안에서 하나님의 의가 되게 하려 하심이라"(고후 5:21). 하나님의 진리가 예수 그리스도의 희생으로 인해 만족되었던 것이다.

태초에 하나님께서는 죄에 대하여 경고하셨다. "선악을 알게 하는 나무의 열매는 먹지 말라 네가 먹는 날에는 반드시 죽으리라"(창 2:17). 옛 제사는 희생된 동물의 죽음이 있었다는 것에서 하나의 해결책이었던 것 같다.

그러나 한 동물의 생명은 하나님의 죄에 대한 심판이 요구하는 가치 수준에 도달하기에는 턱없이 부족했다. 히브리서 10장 4절은 이를 명확하게 설명해 준다. "이는 황소와 염소의 피가 능히 죄를 없이하지 못함이라." 그리고 이에 대해 예수 그리스도께서는 다음과 같이 대답하신다. "하나님, 제가 여기 있사오니……아버지의 뜻을 행하러 왔나이다." 그는 하나님 아버지께 드려지기에 부족함이 없으신가? 그렇다. 그는 부족함이 없이 충분하시다. 이는 그가 가지신 본래의 가치 때문이다.

하나님의 공의는 예수 그리스도의 죽음으로 확인되었다. 그래서 하나님께서는 예수 그리스도를 중재자로 모신 우리를 위하여 예수 그리스도와 맺은 언약의 모든 부분을 이루신다.

이와 관련하여 다음과 같은 질문을 하는 사람들도 있다. "만약 예수 그리스도를 믿을 자들이 거듭나기 전에 죽으면 어떻게 되는가? 그들에게 하나님의 공의와 율법의 정죄가 따르지 않을까?" 예수 그리스도께서는 우리가 거듭나고 생명을 누릴 수 있게 하려고 십자가에 못 박혀 돌아가셨으므로 이런 질문은 잘못된 것이다. 때가 되면 그들은 거듭날 것이며, 그중 누구도 죄 가운데 멸망하지 않을 것이다.

예수 그리스도께서 하나님의 공의를 충족시키시고, 우리를 대신해 율법을 충족시키셨다면 우리는 믿을 필요가 없는 것이 아니냐고 주장하는 사람들도 있다. 또한 이들은 만약 우리가 믿는다 해도 거룩한 삶을 살 필요는 없는 것 아니냐고 묻는다.

그러나 이 주장들은 완전히 틀린 것이다. 하나님께서는 당신의 공의와 율법 그리고 진리가 충족되었다고 해도 여전히 그의 백성들이 믿음의 법을 따라 살 것을 요구하신다. 믿음은 하나님께 모든 영광을 돌리게 하며, 예수 그리스도를 높이고, 죄인들의 마음속에 있는 자기 행위 위주의 구원에 대한 믿음을 버리게 한다.

우리는 예수 그리스도께서 죽음으로 우리의 죗값을 치르시고 우리에게 성령과 은혜를 선물로 주신 것을 기억하지 않고서는 저주로부터의 자유를 생각할 수 없다. 또한 우리 마음속에 그의 은혜가 역사함으로 우리는 죄의 세력으로부터 자유로워졌다. 거듭난 우리는 죄가 우리를 지배하지 못하도록 죄에 대하여 죽었다.

오로지 믿음과 거룩 그리고 하나님과의 교제가 후에 다가올 하나님의 진노를 피할 수 있는 길이라고 생각하는 자들은 하나님의 영광의 형상으로 변화되는 것이 무엇을 의미하는지 잘 모르고 있는 것이다. 이런 은혜는 우리가 이 땅에서 하나님을 섬기는 일에 열매를 맺게 하며, 우리가 그의 형상을 닮아가도록 준비시킨다.

예수 그리스도의 죽음은 영원한 속죄를 이루어 우리가 죄 사함을 얻게 했다(히 9:12; 엡 1:7). 성도들의 양심에 적용된 죄 사함은 약속대로 예수 그리스도를 영접할 수 있는 믿음의 행위들을 요구한다. "예수는 하나님으로부터 나와서 우리에게 지혜와 의로움과 거룩함과 구원함이 되셨으니"(고전 1:30). 예수 그리스도께서는 친히 십자가에 매달려 우리의 죄를 담당하셨고 하나님 아버지께 우리의 빚을 대신 갚으셨다. 그러나 이 저주로부터의 자유가 성도들을 하나님께 순종하는 것으로부터 해방시킨 것은 아니다.

예수 그리스도와의 연합은 그가 우리를 위해 하신 것을 우리도 함께 하는 것이다. 즉, 그가 죽으셨으므로 우리도 그와 함께 죽었으며, 그가 다시 사셨으므로 우리도 그와 함께 다시 살아났다. 또한 우리는 그와 함께 거룩한 곳에 들어갈 것이다.

우리의 머리 되신 예수 그리스도께서 우리를 위하여 모든 것을 이루어 놓으셨으므로 사망은 더 이상 우리를 지배하지 못한다. 사도 바울이 고린도후서 5장 14절에서 "한 사람이 모든 사람을 대신하여 죽었은즉 모든 사람이 죽은 것이라"고 말했듯이 성도는 그들의 대표자이신 그리스도가 죽으실 때 함께 죽었다. 그리스도께서는 죽은 자를 살리시기 위해 우리를 대신하여 우리의 죄를 친히 짊어지고 죽으신 것이다.

하나님 아버지와 그의 아들 간의 약속은 구원자가 자신의 영혼을 속죄제물로 드리는 것이었다. 그로써 그리스도께서는 황소나 염소의 피가 능히 할 수 없었던 일을 실제로 이루셨다. 아버지 하나님은 그의 아들을 완전한 공의로 다루셨으며 그리스도가 맡으신 형벌을 조금도 줄이지 않으셨다. 죗값이 치러졌으므로 이제 죄의 포로가 되었던 자들은 풀려날 수 있다. 이제 율법은 빚 청산과 더불어 더 이상 원래 빚진 자에 대한 아무런 권한이 없다.

우리의 타락한 본성은 우리가 하나님께 어떤 선한 일도 할 수 없게 만들었다. 우리가 소생하여 새로운 생활을 누리고, 예수 그리스도를 믿는 믿음이 있다면 그것은 우리 안에 계신 성령이 역사하시는 것이 분명하다.

이처럼 우리 안에서 성령을 통해 행하시는 이는 하나님이시고, 이는 우리로 하여금 그의 기쁘신 뜻을 행하게 하시기 위함이다(빌 2:13). 우리는 예수 그리스도 안에서 모든 신령한

복을 받았다(엡 1:3). 이것은 특별히 성령을 의미하는데, 그는 우리에게 하나님께서 온전히 만족하시는 속죄와 화해를 받아들일 수 있는 믿음을 주신다.

그러므로 우리는 우리의 구원과 관련된 모든 것들이 예수 그리스도의 중재로부터 비롯되었음을 알 수 있다. 그리스도의 중재는 구원에 담겨진 하나님의 영광스러운 목적에서 비롯되었으며 그 목적 달성에 효과적이었다.

성경은 하나님의 뜻이 담겨진 이 행동을 **선택, 예정 혹은 예수 그리스도 안에서 뜻하신 목적**이라고 부른다. 엄격히 말해 그 자체는 용서의 행위가 아니며 선택된 자들이 그로 인해 의롭게 되는 것도 아니다. 우리가 하나님과 화해하게 된 것은 예수 그리스도의 피를 통한 중재로 말미암은 것이다.

하나님께서는 그리스도가 대신해서 죽으신 그의 성도들을 율법의 저주와 죄의 형벌로부터 면제해 주셨다. 그리고 당신의 아들의 영을 그들의 마음속에 보내 주셔서 성도들을 순종과 성화의 길로 인도하셨다. 우리 구주는 우리가 하나님으로부터 빗나갈 수 있는 모든 요소를 제거하심으로 하나님에 대한 성도의 사랑을 지키신다.

그렇다면 성도들이 하나님을 떠나게 하는 것은 무엇인가? 그것은 사탄과 그의 역사이다. 사탄은 이 세상의 신으로 불리는데, 사탄의 지배하에 있는 이 세상은 하나님의 저주 아래 있다. 사탄은 세상을 무기로 우리를 괴롭히며 우리가 하나님으로부터 멀어지도록 유혹한다. 세상 그 자체는 그럴 힘이 없지만 사탄이 세상을 이용할 때는 그것이 가능하다.

예수님께서는 그의 제자들에게 "담대하라 내가 세상을 이기었노라"(요 16:33)고 격려하셨다. 예수 그리스도는 사탄을 어떻게 다루시는가? 그리스도는 십자가 위에서 강한 자를 결박하시고 사탄의 무기들을 약탈하심으로 그를 정복하고 그 세력을 꺾으신다.

예수 그리스도의 보혈이 선택된 백성 위에 군림하는 사탄의 세력을 말살시키는 방법은 다음 두 가지로 생각할 수 있다.

첫째, 그리스도는 사탄이 죄로 가졌던 권리를 빼앗으신다. 사탄은 믿지 않는 자들 위에서 그들을 죽음과 지옥의 공포로 지배한다. 사탄은 수많은 영혼들을 잔인하게 속박하며 어떤 자들에게는 그들의 속죄를 이루게 하기 위해 잔인한 일을 범하도록 몰아붙이기도 한다.

둘째, 사탄은 불순종의 아들들 가운데 역사하기 때문에 사람들 위에서뿐만 아니라 사람들 속에서도 역사한다(엡 2:2). 그럼 예수 그리스도는 어떻게 하나님의 선택된 자들 위에 군림하는 사탄의 통치를 무너뜨리시는가? 먼저 그 자신의 죽음으로 그들에 대한 사탄의 세력을 빼앗아 버리셨다.

사탄의 모든 세력은 사망에 있으며, 사탄은 죄를 통해 이 세상에 들어왔다. 예수 그리스도는 십자가에 친히 못 박히심으로 죄를 없애셨고 사탄의 권한을 멸하셨다. 또한 예수님께서는 사탄이 그의 세력을 활용할 수 있는 능력도 빼앗아 버리셨다. 예수 그리스도는 강한 자를 결박하고 포로로 잡으셨다.

예수 그리스도는 사탄과 그의 일을 멸하신다. "하나님의 아들이 나타나신 것은 마귀의 일을 멸하려 하심이라"(요일 3:8). 예수 그리스도는 강한 자를 결박하실 뿐만 아니라 그의 무기들도 빼앗으신다. "우리가 알거니와 우리의 옛 사람이 예수와 함께 십자가에 못 박힌 것은 죄의 몸이 죽어 다시는 우리가 죄에게 종 노릇 하지 아니하려 함이니"(롬 6:6).

1번의 내용을 요약하면 다음과 같다. 예수 그리스도의 죽으심으로 인해 죄책이 없어졌으므로 다시는 이 죄책으로 인해 하나님의 사랑이 성도들에게서 떠나가는 일은 없을 것이다. 또한 그리스도께서 사탄의 통치와 죄의 세력을 멸하셨기 때문에 성도들이 하나님으로부터 완전히 돌아서는 일은 결코 없을 것이다.

2. 성령은 새 언약으로 그리스도의 중보를 통하여 하나님의 선택된 자들에게 다가오신다.

믿음의 선물과 같은 영적 은혜는 하나님을 향한 인간의 행위에 기인한 것이 아니다. 죄 사함을 받기 위한 믿음은 행위 언약에서 비롯되지 않는다. 이 언약의 자비는 새 언약의 중보자이신 예수 그리스도로부터 얻어지는 것이다.

히브리서 9장 15절은 이에 대하여 다음과 같이 증거한다. "이로 말미암아 그는 새 언약의 중보자시니 이는 첫 언약 때에 범한 죄에서 속량하려고 죽으사 부르심을 입은 자로 하여금 영원한 기업의 약속을 얻게 하려 하심이라."

이 약속은 특별한 의미에서 예수 그리스도의 중보의 응답으로 아버지께서 보내주신 성령이시다(요 14:16-17). 그리스도는 우리가 아버지께 보다 충만하게 그리스도의 영광을 나타낼 수 있도록 성령을 보내달라고 간구하는 것을 권면한다(요 16:14).

어떤 사람들은 성도에게 성령이 주어진다는 것에는 동의하지만, 잘못해서 성령을 거부했을 때 성령이 영원히 그들에게 돌아오시지 않을 수도 있다는 두려움을 가지고 있다. 만약 그렇게 된다면, 그들은 성령을 전혀 받지 않았을 때보다 더 큰 저주를 받게 되지 않을까(롬 8:14-15)? 성부, 성자, 성령 하나님의 약속들은 사실이 그렇지 않음을 다음과 같이 보여준다.

첫째, 이사야 59장 21절에는 아버지 하나님의 약속이 명시되어 있다. "여호와께서 이르시되 내가 그들과 세운 나의 언약이 이러하니 곧 네 위에 있는 나의 영과 네 입에 둔 나의 말이 이제부터 영원하도록 네 입에서와 네 후손의 입에서와 네 후손의 후손의 입에서 떠나지 아니하리라 하시니라 여호와의 말씀이니라."

둘째, 믿는 자들에게는 성령이 영원토록 함께 계실 것이라는 예수 그리스도의 증언이 있다. 요한복음 14장 16절에서 예수님께서는 이렇게 말씀하신다. "내가 아버지께 구하겠으니 그가 또 다른 보혜사를 너희에게 주사 영원토록 너희와 함께 있게 하리니." 이것은 그의 제자들을 비롯하여 모든 믿는 자들의 후손의 후손들에게도 적용되는 말씀이다(요 17:20).

셋째, 성자 하나님과 성부 하나님께서 약속의 말로 증언하셨듯이 성령 하나님께서도 그의 역사를 행하심으로 고유의 증언을 하신다. 고린도후서 1장 22절은 "그가 또한 우리에게 인치시고 보증으로 우리 마음에 성령을 주셨느니라"고 말하고 있다. 인을 친다는 것은 법적 용어로서 법률적인 거래에서 행해지는 일반적인 관습에서 유래되었다.

인침을 하는 데에는 다음과 같은 두 가지 이유가 있다.

첫 번째 이유는 인친 것의 비밀과 안전을 보장하기 위함이고, 두 번째 이유는 약속된 것들의 이행을 확실히 하기 위함이다.

여기서 첫 번째 이유는 동전이나 귀중품들이 자루에 봉인되어 안전하게 보관되므로 아무도 그 봉인된 것을 뜯을 수 없다는 것을 의미한다. 또한, 두 번째 이유는 모든 종류의 법적 문서들은 인을 침으로 유효화된다는 것을 의미한다.

그러므로 이 두 번째 이유에서 성령의 인침은 그 약속들을 성도들에게 확인시키는 것이 된다. 또한 에베소서 4장 30절에서 성도들이 구원의 날까지 인치심을 받았다고 하는 것은 첫 번째 이유의 인침과 관련된다. 성도들의 안전과 견인은 성령으로 말미암아 예수 그리스도가 그들을 위해 값 주고 사신 것들을 온전히 누리는 날까지 확보된 것이다.

8
chapter

성령의 사역

다음으로는 성령이 어떻게 우리와 함께 거하시는지에 대해 살펴보기로 하자. 처음에는 이것이 성도의 견인과 직접적인 관련이 없는 것처럼 보일 수 있지만 그렇지 않다. 왜냐하면 성령은 성도의 믿음 생활 그리고 하나님과 동행하는 삶에 영향을 주기 때문이다. 그러므로 성령은 성도의 견인과 중요한 관련이 있는 것이다.

은혜의 언약의 큰 약속 중 하나는 성령이 우리와 함께 거하신다는 것이다. 하나님께서는 에스겔 36장 27절에서 이렇게 선포하신다. "또 내 영을 너희 속에 두어 너희로 내 율례를 행하게 하리니 너희가 내 규례를 지켜 행할지라."

하나님께서는 이전 구절인 26절에서 그의 백성들에게 "새 영을 너희 속에 두고 새 마음을 너희에게 주되"라고 약속하셨다. 우리는 이 말씀을 하나님을 향한 그들의 영혼의 태도가 새롭게 됨을 의미한다고 생각할 수도 있다. 그러나 이는 약속된 그의 새롭게 하는 영을 의미한다. 왜냐하면 우리의 영이 성령을 통해서 회복되기 때문이다.

"내가 그들과 세운 나의 언약이 이러하니 곧 네 위에 있는 나의 영과 네 입에 둔 나의 말이 이제부터 영원하도록 네 입에서와……떠나지 아니하리라……여호와의 말씀이니라"(사 59:21)는 말씀이 보여주듯이 우리와 함께 거하시는 성령은 여호와의 언약에서 우리에게 약속된 축복들 중 하나이다. 이 성령의 약속은 예수님께서 제자들에게 하신 말씀에서도 메아리치고 있다. "하물며 너희 하늘 아버지께서 구하는 자에게 성령을 주시지 않겠느냐"(눅 11:13).

죄로 인해 양심에 가책을 받고 괴로워하던 다윗은 그의 안에 있던 성령의 은혜가 거의 죽은 것 같아 시편 51편 11절에서 이렇게 외쳤다. "나를 주 앞에서 쫓아내지 마시며 주의 성령을 내게서 거두지 마소서." 그에게 가장 절실히 필요한 것은 성령으로 인해 그의 영혼이 새롭게 되는 것임을 그는 인정했다.

바울은 성도들 안에 계신 성령을 통해 그들의 영성을 알 수 있다고 강조한다. "누구든지 그리스도의 영이 없으면 그리스도의 사람이 아니라"(롬 8:9). 바울은 영적인 은혜뿐만 아니라

"예수를 죽은 자 가운데서 살리신 이의 영"(11절)이신 성령도 포함해 말하고 있다.

15절에서 성령은 **양자의 영**으로 불리시는데, 우리는 그를 통해서 하나님을 우리의 아버지로 알게 된다. 바울은 하나님의 가정으로 입양된 자녀들에게 하나님을 아버지라 부를 수 있는 특권이 있음을 단언한다. "너희가 아들이므로 하나님이 그 아들의 영을 우리 마음 가운데 보내사 아빠 아버지라 부르게 하셨느니라"(갈 4:6).

성령이 우리 속에 거하신다 할지라도 그것은 그가 우리에게 주시는 은혜 안에서일 뿐 성령이 개인적으로 우리 속에 거하시는 것은 아니라고 주장하는 사람들이 있다. 그러나 성경은 성령과 성령의 은혜를 확실히 구별하고 있다.

로마서 5장 5절은 그것을 잘 묘사하고 있다. "우리에게 주신 성령으로 말미암아 하나님의 사랑이 우리 마음에 부은 바 됨이니." 여기서 말하는 하나님의 사랑은 우리를 향한 그의 사랑이든, 하나님을 향한 우리의 사랑이든 어떤 의미에서든지 우리에게 주어진 특별한 은혜로 생각해야만 한다. 그렇다고 이 은혜를 우리에게 부어 주시는 성령과 혼동해서는 안

된다.

성경에서 성령은 비인격적인 은혜가 아니라 한 인격체로 묘사되고 있다. 성령의 인격은 다음과 같은 세 가지 면에서 강조된다.

1. 성령의 인격적인 호칭들
2. 성령의 인격적인 행동들
3. 성령을 인격적으로 찾아볼 수 있는 상황들

이제 이 세 가지에 대하여 하나하나 살펴보기로 하자.

1. 성령의 인격적인 호칭들

사도 요한은 우리와 함께하시는 성령에 대해서 "너희 안에 계신 이가 세상에 있는 자보다 크심이라"(요일 4:4)고 했다. 우리 주님은 제자들에게 보혜사, 진리의 영이 그들과 함께 영원히 거하실 것이라고 말씀하셨다. "너희는 그를 아나니 그는 너희와 함께 거하심이요 또 너희 속에 계시겠음이라"(요 14:17).

2. 성령의 인격적인 행동들

로마서 8장 11절은 성령의 사역에 대해 구체적으로 설명하고 있다. "예수를 죽은 자 가운데서 살리신 이의 영이 너희 안에 거하시면 그리스도 예수를 죽은 자 가운데서 살리신 이가 너희 안에 거하시는 그의 영으로 말미암아 너희 죽을 몸도 살리시리라." 또한 로마서 8장 16절은 이렇게 말하고 있다. "성령이 친히 우리의 영과 더불어 우리가 하나님의 자녀인 것을 증언하시나니."

3. 성령을 인격적으로 찾아볼 수 있는 상황들

고린도전서 3장 16절은 성도를 하나님이 거하시는 성전으로 표현했다. "너희가 하나님의 성전인 것과 하나님의 성령이 너희 안에 계시는 것을 알지 못하느냐." 성령이 성도 안에 계신다는 표현은 성도들의 성적인 죄를 강력하게 금지시키기 위해 기록된 고린도전서 6장 19절에도 잘 나타나 있다. "너희 몸은 너희가 하나님께로부터 받은 바 너희 가운데 계신 성령의 전인 줄을 알지 못하느냐."

바울의 시대에 이방인들의 신전은 악한 신들과 관련되어

있었기 때문에 부도덕하였다. 그러나 성도들의 몸은 성령이 거하고 계시므로 살아 계신 하나님의 성전이다. 분명, 비인격적인 은혜는 성전 안에 거한다고 할 수 없다. 이 은혜는 그것을 받은 사람들의 특성일 뿐이다.

성령이 거하시는 사람들의 삶에는 중요한 변화들이 일어날 뿐 아니라 많은 유익이 있다. 그들이 받는 첫 번째 영향은 우리 주 예수 그리스도와의 영적인 연합이다. 즉 성령의 사역의 결과는 예수 그리스도와의 교제이다.

예수 그리스도 안에 거하시는 동일한 영이 우리 안에 거하시므로 베드로가 베드로후서 1장 4절에서 말했듯이 우리도 신성한 성품에 참여하게 된다. 그리스도께서는 그의 피를 마시고 살을 먹음으로 이 연합이 이루어진다고 말씀하셨다(요 6:56).

많은 사람들은 이 말씀을 이해하지 못하고 불쾌감을 나타낸다. 그래서 예수님께서는 그들에게 "살리는 것은 영이니 육은 무익하니라"(요 6:63)는 말씀을 주셨다. 생명을 주시는 성령이 우리 속에 거하심으로 우리는 그리스도의 생명에 참여하게 된다.

요한복음 17장 21절에 있는 대제사장적 기도에서 예수님께서는 그의 백성들이 그와 하나 된 것을 알게 해달라고 간구하셨다. 또한 예수님께서는 성도들 간의 연합을 위해 기도하셨는데, 그들이 한 몸이 되는 것은 머리이신 그리스도로부터 비롯된다. 예수 그리스도께서는 이 하나 됨이 그 자신과 아버지가 하나 된 것과 같은 것이라고 말씀하셨다. "내가 그들 안에 있고 아버지께서 내 안에 계시어"(요 17:23).

성경은 그리스도와 그의 백성들의 연합을 많은 비유로써 보여준다. 흔히 나오는 비유는 머리와 지체들이 연합하여 한 몸을 이룬다는 비유이다. 예수 그리스도는 몸인 교회의 머리이시며(골 1:18), 또한 몸의 구주이시다(엡 5:23).

하나님의 아들을 믿는 것과 아는 일에 성숙해지면서 성도들은 범사에 머리 되신 그리스도에게까지 자랄 것이다(엡 4:13-15). "그에게서 온 몸이 각 마디를 통하여 도움을 받음으로 연결되고 결합되어……그 몸을 자라게 하며 사랑 안에서 스스로 세우느니라"(16절). 그들 속에 거하시며 생명을 주시는 성령의 역사로 말미암아 그들은 분리될 수 없는 한 몸을 이룬다.

성경에서 그리스도와 그의 백성의 관계를 설명하는 데 가장 자주 사용된 비유 중 하나는 남편과 아내의 관계이다. 바울은 창세기 2장 24절의 말씀을 인용하면서 이 관계가 미래에 일어날 것임을 예시한 것을 보았다. "그러므로 사람이 부모를 떠나 그의 아내와 합하여 그 둘이 한 육체가 될지니 이 비밀이 크도다 나는 그리스도와 교회에 대하여 말하노라"(엡 5:31-32).

또 다른 비유는 포도나무와 감람나무에 대한 비유이다. 그리스도께서는 요한복음 15장 4-5절에서 이렇게 말씀하셨다. "나는 포도나무요 너희는 가지라"(5절), "내 안에 거하라 나도 너희 안에 거하리라"(4절).

접붙임을 받은 가지들은 참감람나무 뿌리의 진액을 받게 되는데 이는 그 가지들도 함께 열매를 맺게 하기 위함이다. 그러므로 감람나무의 비유는 성령이 그리스도 안에도 계시고 우리 안에도 계시는 것을 말한다. 하나님께서는 그의 아들 그리스도 안에 성령을 한량없이 부어 주셨고(요 3:34), 그 성령은 그리스도로부터 우리에게 전달되었다.

우리 속에 거하시는 성령은 죄와 허물로 죽었던 우리가 온전한 새 생명을 얻게 하신다. 사도 바울이 골로새서 3장 4절에서 단언했듯이 그리스도 또한 우리의 생명이시다. 바울은 그리스도가 우리 안에 살고 계시다고 갈라디아서 2장 20절에서 말하고 있다. 그러므로 "그리스도가 너희 안에 사시며"와 "그의 영이 너희 안에 거하시며"는 같은 것을 의미함을 알 수 있다.

우리와 함께하시는 성령은 우리가 어떻게 살아야 하는지 알도록 우리의 갈 길을 제시하고 인도하신다. 사도 바울은 로마서 8장 14절에서 하나님의 자녀들만이 가질 수 있는 성령의 인도에 대해 언급한다. "무릇 하나님의 영으로 인도함을 받는 사람은 곧 하나님의 아들이라."

성령은 두 가지 방법으로 우리를 인도하시는데, 첫째는 하나님의 아들들에게 그들이 가야 할 길이 무엇인지를 보여주시는 것이고, 둘째는 그들이 그 길로 가는 것을 도와주시는 것이다.

다시 말해, 하나님의 말씀은 삶에 대한 하나님의 규율을 가르쳐 주며, 성령은 우리가 하나님께서 정해 주신 길로 갈 수 있는 적절한 힘을 주신다. 또한 성령은 우리의 영적 이해력이 자라도록 도와주셔서 우리를 향한 하나님의 뜻이 무엇인지 깨닫게 해주신다. 복음에 대한 이해는 우리가 가지고 있는 능력으로 얻어지는 것이 아니라 성령을 통한 하나님의 계시로 얻어지는 것이다.

하나님의 말씀은 모든 성도들이 "주의 말씀은 내 발에 등이요 내 길에 빛이니이다"(시 119:105)라고 고백할 수 있도록 우리가 가야 할 길을 명확히 제시해 준다. 눈먼 사람이 가는 길에 밝은 빛이 비친다 해도 그것은 그의 시력이 회복되지 않는 한 아무 도움이 되지 않는다. 마찬가지로 성령의 빛이 우리 마음과 생각 속에 비치지 않는다면 우리는 **맹인이다**(벧후 1:9).

우리에게 있는 빛이 어둡지만(마 6:23) 진리를 자연적으로 이해하는 것은 가능하다. 우리는 하나님의 말씀을 깨닫고 고마워할 수 있다. 그러나 그것을 믿음으로 받지 않는다면 우리 삶에 아무런 유익이 되지 않는다(히 4:2). "육에 속한 사람은 하나님의 성령의 일들을 받지 아니하나니 이는 그것들이 그에게는 어리석게 보임이요, 또 그는 그것들을 알 수도 없나니 그러한 일은 영적으로 분별되기 때문이라"(고전 2:14).

그러나 성령이 죄인들에게 오실 때 그들은 진리 가운데로 인도된다(요 16:13). 요한이 말했듯이 그들 안에는 주의 기름 부으심이 있으므로 아무도 그들을 가르칠 필요가 없다(요일 2:27).

앞서 말했듯이 성령은 우리에게 빛과 능력을 주시고 은혜 가운데로 인도하신다. 그는 진리를 영광스럽게 빛나게 하시며 그것에 매혹된 우리는 진리를 기쁘게 받아들인다. 하나님의 영은 사막에 흐르는 시내같이 우리에게 부어진다(사 35:5-6). 힘뿐만 아니라 빛도 주어진다. 맹인의 눈은 밝아질 것이며 듣지 못하는 사람의 귀는 열리고, 다리를 저는 자는 사슴같이 뛸 것이고, 말 못하는 자의 혀는 노래할 것이다.

성령은 일반적인 방법으로 영적 진리를 보여주실 뿐만 아니라 각각의 진리도 설명해 주신다. 믿는 자들은 이러한 진리도 기쁘게 받아들인다.

많은 사람의 속에는 그리스도의 영이 없다. 로마서 1장 21-22절의 말씀은 "오히려 그 생각이 허망하여지며 미련한 마음이 어두워졌나니 스스로 지혜 있다 하나 어리석게 되어"라고 말한다. 또 어떤 사람들은 어느 정도의 영적 성장을 이루고 있지만 자신의 삶 속에 나타나는 진리의 능력에 대해서는 무지하다. 그들은 영적인 것을 오로지 자연적인 것으로 보기 때문이다.

우리와 함께하시는 성령은 근심과 환난에서 우리를 지켜주신다. 또한 성령은 어려움에 빠진 자들을 두 가지 방법으로 위로해 주신다.

첫 번째 방법은 그리스도가 그의 제자들을 강하게 하신 방법이다. 보혜사는 우리에게 그리스도의 가르침을 생각나게 하신다(요 14:26). 두 번째 방법은 성령이 우리의 영적 삶을 강화시키시고 우리의 영혼을 소생시키시는 것이다. 바울은 환난 중에도 즐거워할 수 있을 만큼 자기 안에서 하나님의 은혜를 발견했다(롬 5:3). 즉 하나님의 은혜는 우리가 환난 중에도 그 환난을 이겨낼 수 있는 힘을 주고 인내하게 한다. 또한 우리가 환난 중에도 즐거워할 수 있게 한다.

성경은 "환난은 인내를, 인내는 연단을, 연단은 소망을 이루는 줄 앎이로다"(롬 5:3-4)라고 말한다. 이 모든 것은 "우리에게 주신 성령으로 말미암아 하나님의 사랑이 우리 마음에 부은 바"(롬 5:5) 되었기 때문이다.

성령이 주시는 은혜 중 하나는 절제이다. 성령은 이를 통하여 인간의 강하면서도 옳지 못한 욕망에 한계선을 그어 두신다. 그리고 성도들 속에 하나님의 법을 둠으로써 그들의 마음에 기록하겠다고 약속하셨다(렘 31:33). 하나님께서는 그들이 하나님의 온전한 뜻을 기꺼이 행하도록 준비시키신다. 또한 성령은 우리가 사탄의 강한 유혹을 받을 때 악한 행동을 하지 못하도록 제어하신다.

베드로는 주를 부인했지만 예수님이 베드로가 당신을 부인하리라고 말씀하심을 기억하고 회개하며 슬퍼했다. 그는 밖에 나가서 심히 통곡했다(마 26:75). 우리는 종종 자연스럽게 한쪽으로 기우는 우리의 마음을 제압하시는 하나님의 손길을 경험한다.

성령은 거룩하게 하시는 은혜로 우리의 영적 삶을 새롭게 하신다. 이러한 은혜가 없다면 우리의 영은 메말라 버릴 것이다. 성령은 가지들을 뻗어나게 하고 열매를 맺게 하는 감람나무에 흐르는 진액과 같다. 그는 우리의 등잔에 신선한 기름을 지속적으로 부어 주시며 우리의 영혼에 새 활력소를 불어넣어 주신다(시 92:10).

다윗은 하나님이 늘 좋은 것으로 그의 소원을 만족하게 하심을 즐거워했다(시 103:5). 이 좋은 것이란 무엇을 말하는가?

이것은 그리스도께서 아버지께 간구하라고 그의 제자들에게 가르쳐 주신 것과 같은 것이다. "너희가 악한 자라도 좋은 것으로 자식에게 줄 줄 알거든 하물며 하늘에 계신 너희 아버지께서 구하는 자에게 좋은 것으로 주시지 않겠느냐"(마 7:11).

우리는 누가복음 11장 13절을 통하여 이 좋은 것이란 분명 성령의 선물을 가리킴을 알 수 있다.

모든 영적 은혜는 성령의 열매이다(갈 5:22-23). 나무의 뿌리가 항상 신선한 진액을 생산해내지 못하면 그 나무에 열린 열매는 곧 메말라 떨어진다. 그러므로 에베소서에서 바울은 성도들을 위해 "너희가 사랑 가운데서 뿌리가 박히고 터가 굳어져서……하나님의 모든 충만하신 것으로 너희에게 충만하게 하시기를 구하노라"(엡 3:17-19)고 기도한다.

성령은 끊임없이 솟아나는 분수 같아서 지속적으로 은혜의 생수를 부어 주신다. 그리스도는 사마리아 여인에게 이렇게 말씀하셨다. "내가 주는 물을 마시는 자는 영원히 목마르지 아니하리니 내가 주는 물은 그 속에서 영생하도록 솟아나는 샘물이 되리라"(요 4:14).

이 여인에게 약속된 물은 성령이었다. "나를 믿는 자는 성경에 이름과 같이 그 배에서 생수의 강이 흘러나오리라 하시니 이는 그를 믿는 자들이 받을 성령을 가리켜 말씀하신 것이라"(요 7:38-39). 이 생수의 강인 은혜의 성령을 가진 사람은 영원히 영적 목마름을 느끼지 않을 것이다.

목마름에는 두 가지가 있다. 하나는 충족되지 않는 육체적인 목마름이다. 이사야 65장 13절에서 하나님께서 악한 사람들에게 부여하신 영적 목마름이 바로 이와 같은 것이다. 그들의 배고픔과 목마름은 하나님의 은혜의 전적인 부족 때문에 나타난다.

그러나 좋은 것들에 대한 목마름도 있다. "의에 주리고 목마른 자는 복이 있나니 그들이 배부를 것임이요"(마 5:6). 베드로는 이 세상에서 나그네와 같은 사람들, 하나님의 선택된 자들에게 이러한 목마름을 권면한다.

"갓난 아기들 같이 순전하고 신령한 젖을 사모하라 이는 그로 말미암아 너희로 구원에 이르도록 자라게 하려 함이라 너희가 주의 인자하심을 맛보았으면 그리하라"(벧전 2:2-3). 성령은 이런 종류의 목마름을 생기게 하시며 또한 권면하신다.

그러므로 우리는 그리스도의 약속에 의지하여 이렇게 말할 수 있다. 성령과 함께하는 자들은 완전한 곤궁에 이르기까지 결코 쇠약해지지 않을 것이며 또한 성령은 분명 그들을 끝까지 보존하실 것이다.

9

chapter

그리스도의 중보 사역

이미 많은 사람들이 그리스도의 중보에 대한 책을 썼고, 그의 중보가 어떻게 성도들의 구원을 완성시켰는지도 입증했다. 일 년에 한 번씩 지성소에 피를 가지고 들어가는 구약성경의 대제사장의 모습을 이러한 책들 안에서 볼 수 있는데, 그것은 바로 그리스도의 중보를 생생하게 묘사한다.

그러므로 우리는 그리스도께서 아버지의 사랑과 능력 가운데 성도들의 신앙을 끝까지 보존하시기 위해 어떻게 간구하시는가를 생각해 보자.

그리스도께서는 하나님의 심판의 전에서 우리를 변호하고 탄원하기 위해 나타나셨다(히 9:24). 성경은 말한다. "그러므로 자기를 힘입어 하나님께 나아가는 자들을 온전히 구원하실 수 있으니 이는 그가 항상 살아 계셔서 그들을 위하여 간구하심이라"(히 7:25).

그는 우리를 위하여 무엇을 간구하시는가? 이미 성도이며, 성도로서 살아가고 있는 자들이 구원받기를 간구하시는가?

아니면 신자 생활을 계속함으로 구원받기를 간구하시는 것일까? 이 둘 중 첫 번째 가능성에 대해 살펴보기로 하자.

그리스도께서는 이 첫 번째 것을 위해 간구하실 필요가 없다. 복음의 원칙에는 "믿는 자는 구원을 받는다"는 것이 있기 때문이다. 하나님의 진리와 변하지 않는 속성이 이것을 확증한다. 비록 종말 때에 믿음에 거하는 단 한 명의 사람이 없을지라도 하나님의 이 선포는 절대 변하지 않는다.

만약 그리스도께서 오직 이것을 위해 기도하신다면 교회의 구원은 보장되지 못할 것이다. 그러므로 그리스도의 중보의 목적은 이 불분명함을 초월해야 한다.

구약에서 속죄의 날에 대제사장이 지성소에 들어가는 것이 무엇을 의미하는지 자세히 살펴보자. 이것은 그리스도의 중보를 상징한다. 대제사장이 지성소에 들어가기 전, 희생제물은 이미 제단에 드려졌으며 성소에 가지고 들어갈 피도 이미 뿌려졌다.

대제사장이 지성소에 들어가는 것은 희생제물을 바친 자들을 대신하여 하나님과 화해하고 속죄제를 완성하기 위함이었다. 즉 그가 가지고 들어간 피는 자기와 백성의 허물을 위하여 드리는 것이다(히 9:7).

그러나 이 피를 드리는 것은 이미 바깥 성막 안에 있는 제단 위에서 행해진 희생제물을 드리는 행위의 연속이었다. 대제사장이 지성소에 들어가는 것은 백성들이 죄 사함을 받고 하나님과의 화해가 계속되는 것을 상징했다. 그리스도의 중보는 이와 비슷하지만 더욱 확실한 방법으로 성도들을 구원하며 그들을 하나님의 사랑과 은혜 가운데 지켜줄 것을 보증한다.

요한복음 17장에 나오는 그리스도의 대제사장적 기도는 그가 거룩한 곳에 가지고 들어가신 향으로 생각할 수 있다. 그는 이 향기로운 향내와 함께 천국에 들어가셨으며 친히 자신의 피를 뿌리셨다. 그러므로 그는 자신을 진정으로 믿는 자들을 위해 이렇게 기도하신다. "거룩하신 아버지여 내게 주신 아버지의 이름으로 그들을 보전하사 우리와 같이 그들도 하나가 되게 하옵소서"(요 17:11).

예수 그리스도는 십자가에 못 박히시기 전날 밤 성도들이 그와 하나 되는 데 방해되는 모든 것들과 죄로부터 보존될 수 있도록 기도하셨다. 그리스도가 위해 기도하신 자들이 하나님의 사랑 안에서 보존되지 않는다면 그것은 그들을 위한 그리스도의 간구가 응답되지 않았든지, 아버지께서 그들을 보존하실 능력이 없는 것이다.

만약 성도들을 그들 자신의 내적 타락과 외부로부터 오는 유혹에 내버려 둔다면 그들은 마지막 날까지 견뎌내지 못할 것이다. 그래서 그리스도께서는 그들을 위해 아버지께 이렇게 간절하게 구하고 계신다. "아버지의 이름으로 저희를 보전하사 아버지의 은혜가 그들에게 족함을 보이소서."

주 예수 그리스도께서는 그의 백성들이 사는 이 세상이 위선과 악으로 가득 차 있음을 알고 계셨다. 그러나 그리스도는 그들을 세상에서 데려가기 위해 기도하신 것이 아니라 그들이 죄악에 빠지지 않기를 기도하셨다. 그는 그의 주변에 있던 제자들뿐 아니라 세상 끝날까지 그를 믿을 모든 사람들을 마음에 품고 계셨다(요 17:20).

우리는 그리스도가 중보 기도에서 성도들이 하나님의 사랑과 능력 가운데 온전히 보존되기를 간구하시는 것을 알 수 있다. 예수님께서는 성도들이 하나님과 하나 되는 것을 방해하는 모든 것들 가운데서도 하나님과 교제할 수 있기를 기도

하셨다.

그러므로 오직 하나님으로부터 스스로 떠나지 않는 것이 그들이 보존될 수 있는 길이라는 것은 그들이 자신을 보존할 때에만 보존될 것이라는 말이다.

로마서 8장에서는 성도의 견인의 확실성을 입증하는 바울의 논증을 살펴볼 수 있다. 바울은 로마서 8장 33-34절에서 이렇게 주장한다. "누가 능히 하나님께서 택하신 자들을 고발하리요 의롭다 하신 이는 하나님이시니 누가 정죄하리요 죽으실 뿐 아니라 다시 살아나신 이는 그리스도 예수시니 그는 하나님 우편에 계신 자요 우리를 위하여 간구하시는 자시니라."

그리스도의 죽으심과 중보에 근거해 의롭게 되고 저주로부터 해방된 우리를 누가 정죄하겠는가? 죽으신 이는 그리스도이시다. 그리스도께서 우리의 죄를 담당하시고 대신 형벌을 감당하셨으므로 우리는 저주로부터 자유로워졌다.

예수 그리스도께서는 죽으심으로 말미암아 하나님의 정의를 완전히 충족시키셨다. 그러므로 하나님께서는 우리를 그 어떤 것으로도 벌하실 수 없다. 그리스도는 죽으셨을 뿐 아니라 다시 살아나셔서 하나님의 우편에 앉아 계시며 우리를 위하여 중보하고 계신다.

그리스도의 부활은 그가 담당했던 우리의 모든 죗값을 치렀음을 의미한다. "죄를 정결하게 하는 일을 하시고 높은 곳에 계신 지극히 크신 이의 우편에 앉으셨느니라"(히 1:3). 이것은 하나님께서 우리에게 약속하신 일을 가장 흡족한 마음으로 받아들이셨다는 선포이다.

다시 살아나셔서 영광을 입으신 주님은 이제 놀라운 능력을 소유하시고 우리를 위해 간구하심으로 우리의 구원을 위한 그의 선한 뜻과 보호하심을 보여주신다. 정죄할 수 없는 우리에게 그리스도 안에서 하나님의 사랑의 단절이란 결코 있을 수 없는 일이다. 성도는 결코 믿음을 완전히 버리고 하나님의 은혜로부터 멀어질 수 없다.

10
chapter

성도의 순종

성경이 성도의 견인과 관련하여 말하는 것들은 우리의 순종과 위로와 관련되어 있다. 물론 위로보다는 순종과 더 깊은 관련이 있는데, 이는 순종이 하나님께 더 큰 영광을 돌리기 때문이다. 우리의 순종은 하나님의 말씀에 근거한 것이어야만 한다.

또한 우리는 계시된 모든 진리를 믿음과 사랑으로 받아들여야 한다. 당장은 그 뜻을 분별할 수 없어도 하나님과 교제하는 가운데 얻은 모든 진리는 하나님으로부터 온 것이기 때문이다.

성경은 하나님의 뜻과 은총의 계시이며, 우리가 하나님의 형상을 닮아가도록 한다. "모든 성경은 하나님의 감동으로 된 것으로 교훈과 책망과 바르게 함과 의로 교육하기에 유익하니 이는 하나님의 사람으로 온전하게 하며 모든 선한 일을 행할 능력을 갖추게 하려 함이라"(딤후 3:16-17).

디도서 1장 1절에서 바울은 우리를 경건함으로 인도하는 진리의 지식에 대하여 말한다. 경건에 따른 말씀 곧 계시된 하나님의 뜻은 우리를 거룩함으로 인도한다(살전 4:3-5).

예수님이 "그들을 진리로 거룩하게 하옵소서 아버지의 말씀은 진리니이다"(요 17:17)라고 말씀하신 것과 같이 하나님께서는 성경으로 우리를 거룩하게 하신다. 모든 복음의 진리는 고린도후서 3장 18절이 말하는 결과를 가져온다. "우리가 다 수건을 벗은 얼굴로 거울을 보는 것 같이 주의 영광을 보매 그와 같은 형상으로 변화하여 영광에서 영광에 이르니 곧 주의 영으로 말미암음이니라." 이런 변화가 우리 삶 속에 없다면 우리는 복음의 진리를 받아들였다고 할 수 없다.

바울은 인간이 뭐라고 주장할지라도 "모든 사람에게 구원을 주시는 하나님의 은혜가 나타나 우리를 양육하시되 경건하지 않은 것과 이 세상 정욕을 다 버리고 신중함과 의로움과 경건함으로 이 세상에"(딛 2:11-12) 살게 한다고 밝혔다.

어떤 진리는 다른 진리들보다 우리를 더 깊은 거룩함에 이르게 하는데, 바로 그리스도의 사랑이 그렇다. 고린도후서 5장 14절의 말씀은 그리스도의 사랑이 우리를 강권한다고 했다. 다른 진리들도 우리를 효과적으로 설득할 수 있지만 그리스도의 사랑은 우리를 강권한다.

성경은 마음의 거룩함을 가져다주는 믿음, 사랑 그리고 하나님에 대한 경외심에 이르게 하는 교리에 큰 중점을 둔다. 우리는 하나님께 영광을 돌리기 위해 부르심을 받았다. 우리는 인간의 지혜에 의존하기보다는 경건에 이르게 하는 성경의 진리들의 인도를 받아야 한다. 인간의 견해는 쉽게 달라지므로 신뢰할 수 없기 때문이다.

만약 우리가 특정한 진리를 받아들임으로 거룩함에 이르게 된다면 이는 큰 가치가 있는 일이다. 그리고 어떤 특정한 가르침이 우리를 경건함에 이르게 한다면 그것 또한 진리가 틀림없을 것이다.

그러나 이런 주장들은 위험한 가정일 수 있다. 우리는 우리를 거룩하게 한다는 다른 증거도 없는 인간의 견해를 거부해야 한다. 그리고 복음에 대한 순종이 무엇을 의미하는지를 더 상세히 알아봐야 한다. 우리는 단순히 이것을 하나님의 뜻에 자기 자신을 복종시키는 것이라고 정의할 수도 있을 것이다.

그러나 다윗은 "나의 하나님이여 내가 주의 뜻 행하기를 즐기오니 주의 법이 나의 심중에 있나이다"(시 40:8)라고 선포하며 복음에 대한 순종을 인지했다.

사도 바울은 로마의 성도들에게 하나님께 순종하는 것을 연습하기를 권했다. 그는 이렇게 말한다. "그러므로 형제들아 내가 하나님의 모든 자비하심으로 너희를 권하노니 너희 몸을 하나님이 기뻐하시는 거룩한 산 제물로 드리라 이는 너희가 드릴 영적 예배니라 너희는 이 세대를 본받지 말고 오직 마음을 새롭게 함으로 변화를 받아"(롬 12:1-2).

복음에 대한 순종은 본질적으로 하나님의 율법과 다르지 않다. 그러나 그것의 기초가 되는 원칙들과 목적은 오로지 복음에만 속한다. 복음에 대한 순종의 네 가지 면에 대하여 살펴보기로 하자.

1. 순종의 본질
2. 순종의 요인
3. 순종의 동기
4. 순종하는 자

이에 대해 반론을 제기하는 사람들도 있지만, 이를 자세히 다루는 이유는 성도의 견인 교리가 진정으로 우리를 하나님께 대한 순종으로 인도한다는 것을 보여주기 위함이다.

1. 순종의 본질

순종은 하나님께서 명령하시는 모든 것들만, 그리고 명령하시는 모든 것들을 행하는 것이다. 이러한 순종에는 믿음과 사랑에서 비롯되는 내적인 순종이 있고, 의무감으로 행하는 외적인 순종이 있다. 우리는 그리스도인으로서 믿음에 근거하여 순종을 시작해야 하며, 지속적으로 행해야 한다. 믿음이 없이는 하나님을 기쁘시게 하지 못하기 때문이다(히 11:6).

로마서 1장 5절에서 바울은 믿음으로 말미암아 예수 그리스도께서 우리 마음에 계신다고 했다(엡 3:17). 그러므로 우리의 순종은 믿음에서 비롯되는 것이다. 예수님은 "나를 떠나서는 너희가 아무 것도 할 수 없음이라"(요 15:5)고 말씀하셨다. 순종의 가장 큰 열매는 우리의 행위에 따라서가 아니라 풍성한 은혜와 자비에 따라 상 주시는 하나님의 영광이다.

2. 순종의 요인

거듭난 모든 성도에게는 두 가지의 법이 대립하게 된다. 그것은 육의 소욕과 영의 소욕, 옛 사람과 새 사람 그리고 죄악된 육신의 법과 성령의 법이다. 성령만이 우리가 순종할 수 있게 하신다. 예수 그리스도 안에서 새 피조물은 성령으로 말미암아 능력으로 강건하게 된다(엡 3:16-19). 그들 속에 성령이 함께하시므로 그들은 믿음, 사랑 그리고 지식 안에서 더욱더 자라게 된다.

그러나 육의 소욕은 예수님께서 니고데모에게 말씀하신 것처럼 우리를 오로지 육의 행위로 인도한다. "육으로 난 것은 육이요"(요 3:6). 누군가 "하나님께서 순종을 가증스럽게 생각하실 수도 있을까?"라는 질문을 한다면, 그 순종이 단순히 이기심이나 심판의 두려움에서 비롯된 것이면 그럴 수도 있다고 답할 수 있다(왕하 17:25, 32-24).

3. 순종의 동기

그리스도인의 순종을 좌우하는 동기는 과연 무엇일까? 순종의 동기는 하나님께 더 가까이 나가고자 하는 하나님에 대한 믿음과 사랑이다. 복음의 진리에 대한 성도의 이해가 깊어질수록 순종은 더 커진다.

우리 안에 있는 하나님의 은혜는 우리 삶의 죄를 정복할 수 있는 영향력을 가지고 있다. 그러므로 십자가에서 죽으신 그리스도의 사랑은 우리를 순종으로 이끄는 진리이다. 복음은 그리스도 안에서 한 사람을 겸손하게 만들지만, 율법은 그리스도를 위해 한 사람을 겸손하게 한다.

로마서 6장에서 바울은 어떻게 육신의 죄를 꺾을 수 있는지 보여준다. 그는 자신의 의를 이루기 위해 스스로 고통을 가하는 등 육신의 행위에 호소하는 우매함을 설명한다. 이러한 우매함을 범하는 자는 하나님의 의가 무엇을 의미하는지 전혀 알지 못하는 사람이다.

4. 순종하는 자

성도의 견인을 바로 이해하고 감동을 받아 거룩함과 순종에 이르는 자들은 누구인가? 그들은 성도의 견인에 대한 성경의 진술을 진정으로 믿는 자들이다. 또한 그들은 하나님의 은혜를 죄에 대한 변명으로 돌리지 말라는 하나님의 가르침을 받은 자들이다.

비록 믿지 않는 자들이 이의를 제기할지라도 우리에 대한 하나님의 사랑이 변하지 않음을 아는 것은 순종을 하게 하는 강한 동기가 된다. 그러므로 모든 방해물들과 믿음을 연약하게 하는 것들은 제거되고, 그리스도로 말미암아 완전한 자유를 얻게 되는 것이다. 즉 하나님께 바치는 순종을 방해하는 모든 것들이 소탕되는 것이다.

하나님의 사랑과 신실함을 의존하지 않고 스스로를 보호하기 위해 노력하는 사람은 평강의 진정한 의미를 알 수 없다. 한때 하늘의 기쁨을 알았던 천사들이 지금은 타락하여 지옥에 영원토록 갇혀 있다는 사실을 기억해야 할 것이다.

아담도 처음 지음 받았을 때에는 시험에 빠지게 하는 내적인 죄가 없었다. 그러나 결국 그는 에덴동산에서 살 수 없었다. 이러한 그리스도인은 "내가 진정 신뢰할 수 있는 하나님의 약속은 어디 있다는 말인가! 내가 진정 매달릴 수 있는 그리스도의 기도는 어디 있단 말인가!"라고 외치지 않겠는가?

우리를 향한 하나님의 사랑을 생각해 볼 때, 우리는 하나님을 향한 사랑을 약화시킬 어떤 생각도 오래 품고 있을 수 없다.

이는 스바냐 3장 17절에 잘 나타나 있다. "너의 하나님 여호와가 너의 가운데에 계시니 그는 구원을 베푸실 전능자이시라 그가 너로 말미암아 기쁨을 이기지 못하시며 너를 잠잠히 사랑하시며 너로 말미암아 즐거이 부르며 기뻐하시리라 하리라."

하나님의 사랑을 확신하고, 하나님의 영으로 소생된 그의 백성들은 항상 "하나님을 두려워하는 가운데서 거룩함을 온전히"(고후 7:1) 이루어야 할 의무가 있다.

우리는 우리를 하늘과 영광의 상속자로 부르신 하나님의 사랑이 변하지 않는다는 것을 안다. 그러나 이것을 안다고 해서 우리 자신을 온갖 악에 내어 줄 수는 없다. 또한 하나님께서는 그의 백성을 영원토록 사랑하시므로 우리가 하나님을 미워해도 된다고 생각할 수 없다.

성도의 견인에 반대하는 사람들은 지옥과 심판에 대한 두려움 때문에 육의 소욕들을 억제하고 순종할 수밖에 없다고 주장하기도 한다.

그러나 우리는 심판에 대한 두려움 때문에 육의 소욕을 억제하는 것이 아니라, 육의 모든 행실을 죽여야 한다. "우리는 더 이상 정죄가 아닌 은혜 아래에 있으므로 계속해서 죄를 지어도 무방하다"고 말하는 자들에게 바울은 짧게 단언한다. "그럴 수 없느니라"(롬 6:2).

육에 대하여 죽는다는 것은 무엇을 의미하는가? 로마서 8장 13절은 이렇게 말한다. "너희가 육신대로 살면 반드시 죽을 것이로되 영으로써 몸의 행실을 죽이면 살리니." 그러므로 우리는 영으로 말미암아 순종하는 것이지 지옥과 심판에 대한 두려움 때문에 순종하는 것이 아니다.

많은 사람이 육의 소욕을 죽이기 위해서 많은 노력을 기울였지만 한 번도 성공한 적이 없다. 율법을 지키는 것은 죄를 억제할 수는 있지만 그 이상을 이룰 수는 없다. 즉 죄를 완전히 폐하지 못하는 것이다.

그렇다면 우리의 죄악된 본질을 죽이기 위해 성령은 무엇을 사용하시는가? 그는 그리스도께서 십자가에 못 박히심으로 이루신 일과 그때 보여주신 사랑을 이용하신다. 이것이야 말로 우리 안에 있는 죄를 진정으로 죽게 한다. "그리스도로 말미암아 세상이 나를 대하여 십자가에 못 박히고 내가 또한 세상을 대하여 그러하니라"(갈 6:14).

강권하시는 그리스도의 사랑은 "그가 모든 사람을 대신하여 죽으심은 살아 있는 자들로 하여금 다시는 그들 자신을 위하여 살지 않고 오직 그들을 대신하여 죽었다가 다시 살아나신 이를 위하여 살게 하려 함이라"(고후 5:15)는 사실을 확증한다.

모든 성도들의 순종의 근거가 되는 하나님과 예수 그리스도에 대한 믿음은 성도들이 보호될 것이라는 확신으로 더욱 강화된다. 성도를 향한 하나님의 선한 뜻이 발견될 때 아버지 되신 하나님과 중보자 되신 예수님에 대한 믿음은 더욱 성장한다.

그들 속에서 선한 일을 시작하신 하나님께서 예수 그리스도의 날에 그들을 완전하게 하실 것을 알기 때문이다. 그분은 성도가 죄와 허물로 인해 죽었을 때 새 생명을 주신 분이시며, 사탄의 강력한 시험과 성도들의 죄악된 마음에도 불구하고 끝날까지 그들을 지키시는 분이시다.

하나님께서 그의 사랑을 우리에게 알려 주실 때, 우리의 믿음은 강해지고 하나님에 대한 사랑도 커진다. "우리가 사랑

함은 그가 먼저 우리를 사랑하셨음이라"(요일 4:19).

주님에 대한 두려움은 우리로 하여금 다른 사람들을 설득하게 하지만, 그리스도의 사랑은 우리가 그를 위해 살도록 한다. 그는 많은 용서를 받은 자들에게 많은 사랑을 베푸셨다. 성도의 견인은 하나님의 사랑에 대한 영광스러운 증거이다.

이 사랑은 성도의 견인을 확증하는 다음과 같은 세 가지 특징이 있다.

1. 자유
2. 변하지 않음
3. 열매 맺음

1. 자유

하나님께서 먼저 그의 백성을 사랑하셨다. 그것은 그의 백성들이 다른 사람들보다 잘났기 때문이 아니라 그의 은혜로 인한 것이었다. 하나님께서는 계속해서 그들을 사랑하신다. 그러나 그 사랑은 그들이 거룩하기 때문이 아니라 그들을 거룩하게 하시기 위해서이다.

하나님의 사랑 앞에 누가 무릎 꿇지 않겠는가? 하나님의 사랑에 대한 우리의 보답은 그를 사랑하고 순종하는 것이다.

2. 변하지 않음

우리는 앞서 하나님의 변하지 않는 사랑에 대해 살펴보았다. 스바냐 3장 17절에서 하나님께서는 그의 사랑 가운데 계신다고 하셨다. 하나님께서 하루는 그의 백성을 사랑하시고 그다음 날에는 미워하실 수 있다고 말하는 것은 하나님을 모욕하는 것이다. 하루는 그들로 인해 기뻐하시다가 그다음 날에는 그들을 지옥에 던져 버리실 수 있단 말인가?

사람들은 자기가 사랑하는 사람이 어떤 행동을 할지 알 수 없으나 "모든 것을 꿰뚫어 보시는" 하나님은 다르시다. 어떤 이들은 사람의 모습이 하나님께 처음 사랑을 받았을 때와 달라지기 때문에 하나님의 사랑 또한 변한다고 말한다.

그때 우리는 이런 질문을 던질 수 있다. "애초에 그들이 사랑받게 된 이유는 무엇이었는가?" 그것은 주님의 덕분이 아니었나? 성도들이 다른 사람들과 다른 특별한 것이 있어서 사랑을 받은 것인가? 하나님께서 그 자신의 은혜로 말미암아 그들을 사랑하신 것이 아니었던가? 처음에 그들을 사랑하신 하나님께서 그들이 계속 사랑받는 상태에 있도록 지키실 수 없는가?

만약 그들을 그의 사랑 안에서 지킬 마음이 없으셨다면 처음에 그들을 사랑하신 이유는 무엇이었을까? 변하지 않는 하나님의 사랑에 대한 확신은 그의 백성에게 너무나도 소중한 것이다.

3. 열매 맺음

자식에 대한 어머니의 사랑은 자식의 안전을 위해서 무엇이든지 희생할 수 있는 것이다. 그러나 하나님께서는 그의 성도들을 보호하기 위해 더 큰 놀라운 능력을 발휘하실 것이다. 성도의 견인에 대한 교리가 하나님의 사랑을 영화롭게 하는 것은 열매가 있기 때문이다.

하나님께서는 영원한 사랑으로 우리를 사랑하시기 때문에 인자함으로 우리를 인도하신다(렘 31:3). 이런 사랑에서 부족함 없는 그의 영과 은혜의 공급이 이루어진다(시 23:1). 이러한 넘

치는 축복을 받은 우리가 어떻게 그가 주시는 은혜들을 거부할 수 있겠는가?

그리스도는 우리에게 너무나 소중한 분이시다. 그의 죽으심은 우리에게 영원한 죄 사함을 주었으며 하나님과 우리 사이의 모든 갈등을 해소시켜 주었다. 예수님께서는 우리가 예수를 믿을 것인지 말 것인지를 결정하게 되는 불분명한 결말을 위해 고통을 받으신 것이 아니다.

예수 그리스도께서는 자신이 대신해서 죽은 자들을 반드시 하나님께로 인도하신다. 또한 그는 그의 영과 은혜로 성도들이 의롭다 칭함을 받고 성화되어 영원히 보존되도록 하신다.

CHRISTIANS ARE FOR EVER

구원의 서정 (*Ordo Salutis*, Order of Salvation)

하나님이 미리 아신 자들을 또한 그 아들의 형상을 본받게 하기 위하여 미리 정하셨으니 이는 그로 많은 형제 중에서 맏아들이 되게 하려 하심이니라 또 미리 정하신 그들을 또한 부르시고 부르신 그들을 또한 의롭다 하시고 의롭다 하신 그들을 또한 영화롭게 하셨느니라

롬 8:29-30

하나님은 질서의 하나님이십니다. 그러므로 하나님은 당신이 정하신 일정한 질서(*Ordo Salutis*)에 따라 구원계획을 실행하십니다. 로마서는 이 구원의 질서를 예지-예정-소명-칭의-영화라 밝히는데, 이것은 구원의 황금 사슬(Golden Chain of Salvation)이라 불립니다.

1. 하나님이 미리 아셨다. (예지)
2. 하나님이 미리 정하셨다. (예정)
3. 하나님이 부르셨다. (소명)
4. 하나님이 의롭다 하셨다. (칭의)
5. 하나님이 영화롭게 하셨다. (영화)

　예정에 관한 개혁주의적 견해에서는 황금 사슬을 아래와 같이 이해한다. 즉 영원 전부터 하나님은 자신이 택하신 자들을 아셨다는 것이다. 하나님은 그들을 창조하시기도 전에 마음속에 그들의 정체에 대하여 생각을 가지고 계셨다. 하나님은 그들의 개인적 정체에 대하여 미리 어떤 생각을 가지고 계셨을 뿐만 아니라 그들을 먼저 사랑하셨다는 의미에서 그들을 알고 계셨다. 우리는 성경에서 "안다"고 말할 때 이 표현이 종종 단순히 사람에 대한 정신적 인식과 깊고 밀접한 사랑 사이를 구별한다는 사실을 기억해야 한다. 개혁주의적 견해에서는 이와 같이 하나님께서 미리 아신 자들을 모두 내적으로 부르시기로 예정하시고 그들을 의롭다 하시고 영화롭게 하시기로 예정하셨다고 믿는다. 하나님은 주권적으로 그분의 택함 받은 자, 오직 택함 받은 자들만의 구원을 이루실 것이다.

-『알기 쉬운 예정론』中 (생명의말씀사 / R. C. 스프롤)

구원의 불변성과 영원성에 관한 명쾌한 설명

Part IV

CHRISTIANS ARE FOR EVER

11
chapter

올바른 성경 이해

어떤 이들은 자신들이 주장하는 성도의 배교 가능성을 증명하기 위해 성경 본문들을 왜곡해서 해석하기도 했는데, 마지막 장에서는 이러한 성경 본문들을 살펴보도록 하겠다.

이들은 하나님께서 죄를 은혜로 용서하신다면 성도는 부도덕한 삶을 살 수 있다고 말한다. 이런 사람들에게 복음은 **죽음의 악취**가 될 수 있다. 그러나 복음을 있는 그대로, 기쁜 마음으로 받아들이며 순종하는 자들에게 복음은 **생명의 향기**가 된다.

바울은 모든 성도의 거룩함은 하나님의 뜻이라고 역설한다. 하나님과 동행하는 삶과 멀어지게 하는 모든 가르침은 하나님으로부터가 아닌 악한 것으로부터 온 것이지만, 소위 기독교 선생이라고 하는 사람들은 그들의 가르침이 거룩하지 못한 삶에서 왔다고 인정하지 않을 것이다.

또한, 그리스도의 공로 대신 고행과 같은 인간적인 공로의 체계를 쌓는 사람들도 있다. 바울은 이에 대해 "이런 것들은 자의적 숭배와 겸손과 몸을 괴롭게 하는 데는 지혜 있는 모양이나 오직 육체 따르는 것을 금하는 데는 조금도 유익이 없느니라"(골 2:23)고 말한다.

진정한 거룩함이 무엇인지 모른다면 실제로 그들의 거룩함을 증진시키는 것이 어떤 교리인지 어떻게 판단할 수 있겠는가? 하나님께서 요구하시는 순종을 바칠 수 있는 능력을 스스로 가졌다고 생각하는 사람에 대해 우리는 어떻게 말할 수 있을까? 순종의 가장 큰 동기는 지옥에 대한 공포라고 말하는 사람들은 어떠한가?

진정한 그리스도인이라면 선한 일을 하는 데 하나님의 은혜가 필요하다는 사실을 모두 알고 있다. 그러나 성도가 아닌 자들의 판단에 대해서는 의심해 볼 필요가 있다. 그들은 어떤 가르침이 거룩에 이르게 하는지를 모르기 때문이다.

거룩함의 본질에 대해서는 많은 견해가 있다. 무엇이 거룩함에 도달하게 하는지 알기 원하는 자들에게 우리는 어떤 기준을 제시할 수 있는가? 모든 복음의 진리는 이를 받고 순종하는 모든 사람들을 격려한다고 해도 무방할 것이다.

성도의 견인 교리는 성도들의 삶을 거룩함에 이르게 한다.

우리는 이에 대해 성경이 무엇이라고 말하는지 살펴보아야 한다. 성경에 나오는 인도하심과 관련된 약속들은 우리를 분명한 길로 인도하기 때문이다.

깨끗한 삶을 통하여 진정한 성도의 외적 모습을 보여준 많은 사람이 있다. 그들은 헤롯처럼 성경의 진리를 기쁘게 경청하며, 돌밭이 그랬던 것처럼 기쁨으로 진리를 받아들인다. 또한, 에스겔 33장 31절 말씀처럼 진리를 듣는다. "백성이 모이는 것 같이 네게 나아오며 내 백성처럼 네 앞에 앉아서 네 말을 들으나 그대로 행하지 아니하니 이는 그 입으로는 사랑을 나타내어도 마음으로는 이익을 따름이라."

그러나 유다가 그랬던 것처럼, 이들은 다른 사람들에게 진정한 성도라고 인정받을지언정 결코 예수 그리스도로 인해 구원받은 적은 없다.

어떤 이들은 특정 성경 구절을 이용해 성도들의 배교 가능성을 주장했다. 그들이 이용한 성경 구절 중 하나가 에스겔 18장 24-25절이다. "만일 의인이 돌이켜 그 공의에서 떠나 범죄하고 악인이 행하는 모든 가증한 일대로 행하면 살겠느냐 그가 행한 공의로운 일은 하나도 기억함이 되지 아니하리니 그가 그 범한 허물과 그 지은 죄로 죽으리라"(겔 18:24).

이 말씀은 이스라엘 역사 중 하나님과 유대인들이 에스겔 18장 2-3절에 나오는 속담의 사용과 관련하여 논쟁했던 것을 묘사한 것이다. "아버지가 신 포도를 먹었으므로 그의 아들의 이가 시다고 함은 어찌 됨이냐"(겔 18:2).

즉 에스겔 18장 24-25절의 말씀은 이 속담의 일반적인 쓰임이 잘못되었다는 것을 증명하기 위한 여호와의 말씀이다. 그러므로 이 말씀은 하나님께서 그의 백성을 다루시는 방법으로 제정하신 것으로 볼 수 없다.

이 말씀은 2절 말씀이 분명히 보여주듯이 이스라엘 땅에 대한 속담이다. 그 땅은 유대 민족이 바벨론에 포로로 끌려가기 전까지 그들에게 주어진 땅이었다. 유대 민족이 바벨론의 포로가 된 것은 그 세대의 죄에 대한 하나님의 보복이었는데, 특히 그들의 조상이었던 므낫세의 죄에 대한 하나님의 보응이었다.

이 속담은 유대인들이 바벨론의 포로로 있을 때 자신들을 정당화하기 위해 지어낸 것이었다. 그래서 하나님은 이에 대한 대답으로 그의 백성을 다루시는 정당성을 입증하신 것이다.

유대 민족들은 다른 이유가 아닌 바로 자신들의 죄로 인해 고통을 받은 것이다. 하나님께서 가나안 땅과 관련하여 이스라엘을 다루신 것과 오늘날의 교회를 다루시는 것에는 어떠한 유사성도 없다. 사실 "모든 영혼이 다 내게 속한지라"(겔 18:4)에 규정된 원리와 독생자 예수님을 그의 백성을 위한 속죄 제물로 삼으신 하나님의 은혜의 원리는 큰 대조를 보인다.

혹시 아직도 에스겔 18장의 말씀이 성도의 배교를 지지한다고 생각하는 사람이 있을지도 모르니 이 부분을 좀 더 자세히 검토해 보겠다.

먼저 이 표현은 단지 가능성을 제기하고 있음을 주목해야 한다. 이는 가정문으로서 "만일 의인이 돌이켜 그 공의에서 떠나 범죄하고 악인이 행하는 모든 가증한 일대로 행하면 살겠느냐 그가 행한 공의로운 일은 하나도 기억함이 되지 아니하리니 그가 그 범한 허물과 그 지은 죄로 죽으리라"(겔 18:24)고 증거하고 있다.

어떤 이들은 이 말씀을 하나님께서 죄의 삶과 배반에 대한 형벌의 불가피성에 대해 설명한 것이라고 주장한다. 이 말씀은 진정한 의인이 하나님을 버리고 변절할 수 있다는 것을 증명하는 것이 아니다.

물론 그들은 하나님께서 이 말씀을 성도들을 배교로부터 지키기 위한 경고의 말씀으로 사용하신다고 말한다. 돌이키는 것과 죽는 것은 관련이 있다. 하지만 의인이 변절한다고 결론짓는 것은 성경 말씀을 너무 비약한 것이다.

이에 반하여 어떤 사람들은 이 말씀이 조건적이라는 견해를 보였다. 그들은 비록 그 조건이 실제로는 충족되지 않을지라도, 이 말씀이 의인이 전적으로 범죄하여 믿음에서 멀어질 가능성이 있음을 나타낸다고 말한다. 물론 이러한 가능성은 하나님의 은혜와 성령의 중재로 방지될 수 있다.

우리는 **의인**이 무엇을 의미하는지 좀 더 상세하게 살펴볼 필요가 있다. 에스겔 18장 말씀은 **의인**이란 구약성경에 주어진 하나님의 계명을 지키는 사람이라고 말한다. 이 언약을 통해 사람들은 땅의 소유권을 유지했고, 미래의 영적 사건들은 예시되었다.

어떤 이들은 에스겔이 말한 의인이 단지 외적으로만 의로운 사람이라고 말하기도 하는데, 이는 본문이 의미하는 전체 개념과는 대조적이다. 그리고 또 어떤 이들은 하나님의 율법에 순종하려고 하는 사람이 의인이라고 말한다.

그들은 어느 정도까지는 하나님의 계명에 순종할 수 있다. 그러므로 그들은 의롭다는 말을 들을 수도 있고, 노골적으로 하나님께 대항하는 자들과는 분명 대조될 것이다. 이러한 의는 특히 구약시대에 이미 하나님께 상을 받았다.

그러나 종교적 의무를 다하는 사람들이 하나님의 진정한 영적 가족에는 포함되지 못할 수도 있다. 반석이신 예수 그리스도 위에 세워지지 않았으므로 그들 중 많은 사람은 고통스러운 죄에 빠져 하나님의 심판 아래 있게 된다.

비록 그들의 의가 진심에서 우러나온 것이라 해도 그리스도 안에 있는 믿음으로 주어지는 의에는 미치지 못한다. 하나님께서는 오직 그리스도 안에 있는 믿음으로 말미암은 의만을 받아주시기 때문이다.

에스겔 18장이 말하는 악한 자는 단순히 겉으로만 악한 자가 아니라 실제로 악한 자를 말한다. 그러므로 에스겔 18장에 나온 의로운 자는 본문이 의도한 성격의 의를 소유한 진실로

의로운 사람이라고 할 수 있다.

이 의로운 자가 계속해서 그 공의 가운데 산다면 에스겔 18장이 말하는 상을 받을 것이며, 그리스도인이라 인정받을 것이다. 그러나 본 구절이 보여주는 확실한 증거는 없다.

이 해석과 관련된 또 다른 주장이 있는데, 이는 **이중 의**(a double righteousness)라는 것이다. 하나는, 행위로 인해 우리가 성화된다는 것이고, 또 다른 하나는 믿음으로 인해 의롭다 칭함을 받는다는 것이다. 의인은 잠시 거룩한 삶에서 벗어날 수 있지만 그렇다고 그리스도의 의를 잃었다고는 말할 수 없다.

이 해석을 지지하는 사람들은 성화와 칭의는 성도 속에서 완전히 독립적으로 존재할 수 있다고 주장한다. 왜냐하면 "거룩함을 따르라 이것이 없이는 아무도 주를 보지 못하리라"(히 12:14)고 했기 때문이다.

그러나 사람은 두 가지 면에서 **성화의 의**(the righteousness of sanctification)로부터 멀어질 수 있다. 첫째는 그 의의 실천으로부터이며, 둘째는 그 의의 원칙으로부터이다. 사람은 매우 강한 유혹에 의하여 성령의 열매를 더는 맺을 수 없을 정도로 거룩한 삶에서 멀어질 수 있다.

이는 매우 안타까운 사실이다. 이것은 하나님의 호된 질책으로 이어질 수 있으며 더 나아가서는 요시야처럼 죽음에 이를 수도 있다. 또한, 거룩함을 한번 소유했던 사람은 결코 그것을 완전히 놓칠 수 없으므로, 성화된 사람이 거룩함에서 멀어지면 하나님께서 그들을 향해 경고의 끈을 조일 수 있다는 사실을 명심해야 한다.

그러나 이러한 사람이 그리스도와의 관계로부터 단절되거나 하나님의 사랑으로부터 박탈되는 일은 없을 것이다.

구원받은 모든 자들은 하나님 앞에서 의롭다 함을 받는다. 하지만 우리의 칭의와 칭의로부터 얻은 평강과 위로에 대한 자각은 커질 수도 있고 줄어들 수도 있다.

의롭다 칭함을 받고 성화된 사람들도 때때로 하나님과 친밀히 동행하는 삶에서 멀어질 수 있다. 그럴 경우 이들은 겨울나무처럼 거룩함의 열매를 맺지 못할 것이다.

성도는 그리스도를 통해 얻는 하나님에 대한 신뢰를 잃을 수도 있으나 하나님의 은혜로부터 완전히 배제될 수는 없다. 에스겔 18장에 언급된 죽음은 영원한 죽음을 의미한다고 주장하는 사람도 있지만 성경 말씀은 그렇게 말하지 않는다. 이와 유사하게, 우리는 광야에서 죽은 이스라엘 사람들이 자신의 죄 때문에 지옥에 갔다고 말할 수는 없다.

하나님을 믿던 성도들도 믿지 않는 사람으로 바뀔 수 있다고 주장하는 사람들이 제시하는 또 다른 성경 구절을 살펴보도록 하자. 이 성경 구절은 마태복음 18장 21-35절로 주님의 자비를 모르는 종 비유의 후편이다.

이 비유는 진정으로 거듭나고 하나님께 의롭다 칭함을 받았을 제자들과 특히 베드로를 겨냥한 것이라는 견해가 있다. 하나님께서는 그들이 자신에게 죄지은 자들을 조건 없이 용서해 주지 않는 한 그들도 하나님께 용서받지 못할 것이라고 분명히 말씀하고 계신다.

몇몇 사람들이 그러한 것처럼, 이 비유가 성도들도 각 개인의 죄로 말미암아 영원한 멸망에 이를 수 있다는 사실을 가르친다고 해석하는 것은 옳지 않다.

이 비유는 우리가 예수 그리스도 안에서 하나님의 자비와 용서를 받았으므로 우리도 다른 사람들에게 자비와 친절을 베풀어야 한다는 것을 보여준다. 다시 말해, 다른 사람을 측

은히 여기지 않는 사람은 하나님의 은혜로운 용서를 기대할 권리가 없다는 것이다.

성도의 배교를 증명하기 위해 사용된 세 번째 성경 말씀은 고린도전서 9장 27절이다. 이 말씀에서 바울은 그가 회심하고 다른 사람에게 복음을 전파했음에도 도리어 버림받을까 염려했던 것에 관해 이야기한다.

우리는 이미 앞에서 선포된 목적을 성취하기 위해서는 하나님의 정해진 수단을 적절히 사용해야 한다는 것을 보았다. 우리 주님께서는 천사들의 보호를 받으실 수도 있었지만 평범한 방법으로 자신의 목숨을 보존하셨다.

또한 유다 왕 히스기야 역시 어떤 특수한 것이 아니라 일상적인 영양 섭취를 통해 하나님으로부터 15년의 수명 연장을 약속받았다.

바울은 그의 핵심 사역인 복음 전파가 그에게 나타난 어떤 특별한 계시 때문에 방해받지 않도록 개인적인 경건함과 자기 부인의 연습을 거듭해야 한다는 사실을 알고 늘 신중히 자신을 돌아보았다.

그의 가장 큰 관심사는 다른 이들의 유익을 위해 그들을 전도하는 것뿐 아니라 그 자신도 하나님께 **부끄러울 것 없는 일꾼**으로 인정받는 것이었다. 그는 자신의 사역은 지속될 수 있지만 자신이 인정받지 못할 때에는 하나님께 받을 상을 잃게 된다는 사실을 알고 있었다.

그러므로 "자신이 도리어 버림을 당할까"라는 구절에 사용된 헬라어를 다른 성경 구절에 비추어 하나님께 완전히 버림받는 것으로 해석하는 것은 본문의 논리적 목적에서 벗어나는 것이다.

자신이 복음 전파를 위해 주님의 보내심을 받은 자임을 깨달은 사도 바울은 그리스도의 명령을 아주 소중하게 여겼다. 그리고 그는 그의 사역을 수행하기 위해 자신을 아끼지 않았다.

몇몇 사람들은 성도의 견인에 대한 의문을 제기하기 위해 히브리서 6장 4-8절과 10장 26-39절의 말씀을 자주 사용한다. 성령을 통한 하나님의 말씀은 진정으로 거듭나지 않은 많은 사람들의 삶에 놀라운 변화를 준다. 이런 사람들은 진심으로 진리에 동의하며 하나님의 말씀을 붙잡고 그 말씀에 일치하는 생활을 하는데, 우리는 그들을 위선자라고 할 수 없다.

그러나 그들은 율법을 통한 의를 추구하기 때문에 그리스도의 의는 그들의 삶에 아무런 영향도 끼칠 수 없다. 이러한 이들은 삶 속에서 양심적으로 죄를 피하며 종종 교회를 섬기는 은사를 갖기도 한다.

그들처럼 올바른 기준에서 벗어나는 것은 아주 위험한 일이며, 심지어 성령을 거스르는 죄를 범하게 할 수도 있다. 우리는 이러한 사람들이 언급된 본문에서 진정한 성도들의 특징을 발견할 수 없음을 주목해야 한다. 여기에는 그들 속에 산 믿음이 있다는 언급이나 하나님의 선택된 백성의 믿음을 가졌다는 표현이 나와 있지 않다.

즉 그들은 의롭다는 칭함을 받지 못했고 그리스도와 연합되지도 못했으며 성령으로 성화되지도 못했다. 그들의 삶 속에는 구원과 더불어 오는 것들이 없었음이 분명하다.

이와는 대조적으로, 히브리서 6장은 진정한 성도에 대해 말할 때 그들의 행위와 사랑(10절), 곧 그들의 보존에 대한 하나님의 변하지 않는 뜻과 맹세(17절)를 말한다. 그러므로 이러한 엄숙한 경고를 받은 수신자들은 의롭다 칭함을 받고 성화된 하나님의 백성이 아니라고 결론지어야 할 것이다.

어떤 이들은 이 구절이 히브리서 기자가 단순히 위선자들에 대해 언급하는 것임을 증명하려고도 했다. 그러나 이것은 분명히 그의 의도가 아니었다. 오히려 그는 진정한 성도처럼 보이는 사람들도 죄에 빠질 수 있음을 보여주고 있다.

그들은 그들의 위선으로부터 이탈하는 것이 아니라 신앙고백과 그들이 한때 즐겼던 일반 은혜의 은사들을 버리는 것이다.

히브리서 6장 4절에서 히브리서 기자는 한번 비췸을 받은 자들에 대해 언급한다. 진정한 성도들이 **비췸**을 받은 것은 분명하지만, 이 **비췸**에는 한 가지 이상의 의미가 있을 수도 있다.

히브리서 6장 4절에 언급된 자들 또한 **비췸**을 받았다고 할 수 있지만 이것으로 그들을 진정한 성도라고 하는 것은 잘못된 논리이다. 우리는 "우리가 진리를 아는 지식을 받은 후"(히 10:26)라는 말씀에도 이와 비슷한 이해를 적용시킬 수 있다.

그러므로 하나님의 말씀에 깊은 깨달음을 얻어 복음의 진리를 인정하는 사람도 진정한 성도들이 소유한 그리스도와의 연합에는 미치지 못할 수 있다.

히브리서 기자는 히브리서 10장 29절에서 "하나님의 아들을 짓밟고 자기를 거룩하게 한 언약의 피를 부정한 것으로" 여긴 자에 대해 묘사한다.

십자가와 그리스도의 보혈에 대한 말씀을 듣고 죄를 깨달은 사람들은 성경의 가르침을 거부하는 사람들과의 관계를 쉽게 끊을 수 있을지도 모른다. 그러나 그들은 "살아계신 하나님을 섬기기 위한, 죽은 행위로부터의 청결함을 받은 양심"은 가질 수 없을 것이다.

성경에서 말하는 **거룩하게 한다**라는 단어는 두 개의 명확한 의미를 가지고 있다.

첫째는, 하나님께 구별하여 분리한다는 뜻이며, 둘째는 청결하게 한다는 뜻이다. 청결하게 하는 것은 죄로 인해 더럽혀지는 것이 아닌 영적 순결함으로 깨끗하게 되는 것을 의미한다. 이 의미는 주로 사람에게 사용된다.

히브리서 기자는 옛 예배에 속하는 용어들을 많이 사용하는데, 이 단어는 거의 항상 첫 번째 의미로 사용되었다. 또한 이 단어는 주님께서 우리의 대제사장으로서의 사역에 헌신하고 계심을 말씀하시는 요한복음 17장 19절에서도 같은 뜻으로 사용된다. 우리는 이미 많은 이들이 진정으로 깨끗함을 입지 못했음에도 스스로가 성화되었다고 생각하는 것을 살펴보았다.

하늘의 은사를 맛보았다고 말한 사람들이 있다(히 6:4). 우리는 이 사람들이 하늘의 은사의 진정한 본질에 대한 어떠한 논의도 없이 단지 그것을 맛보았다고 한 것에 주목해야 한다. 그들은 그것을 먹고 자라거나, 그렇게 행함으로 성장한 것이 아니다. 말씀의 가르침을 듣고 양심의 가책으로 괴로워하는 사람들은 강권적인 도움의 손길을 바라볼 수도 있다.

만일 그들이 예수 그리스도 안에서 죄인들에게 주어진 해답을 조금이라도 올바르게 인식했음에도 그것을 거부한다면, 그들은 그리스도와 하나님의 사랑을 과소평가하는 엄청난 죄를 범하는 것이다.

즉 그들은 그리스도를 부인함으로써 다른 이들이 그리스도 안에서 발견하는 탁월함과 진짜 선함을 발견하지 못했다고 공공연히 선포하는 것이다. 하나님께서는 그에 상응하게 그들을 심판하실 것이다.

히브리서 6장 4절에 언급된 자들은 또한 "성령에 참여한 바" 되었다. 이는 성령의 은사 혹은 은혜를 의미하는 것이다. 이미 앞서 보여주었듯이 거듭난 자들은 하나님에 대해 살았으며, 성령으로 말미암아 인침을 받고 위로를 받았으므로 결코 구원을 잃을 수 없다.

현재 그들은 하나님의 사랑과 은혜를 즐거워하고 있으며 마지막에는 완전한 기쁨을 맛볼 것이다. 분명히 뛰어난 은사를 가졌음에도 불구하고 예수 그리스도와의 진정한 연합은 결코 찾아볼 수 없는 사람들도 많이 있다.

이제 히브리서 10장 38절에 대해서 생각해 보기로 하자. "나의 의인은 믿음으로 말미암아 살리라 또한 뒤로 물러가면 내 마음이 그를 기뻐하지 아니하리라."

히브리서 기자는 본 장의 앞부분에서 두 종류의 사람들에 대해 생각했다. 첫 번째 유형의 사람들은 서로 모이기를 단념하여 교회에도 나가지 않고 서서히 신앙적으로 타락한 사람들이며, 두 번째 유형의 사람들은 박해에도 불구하고 신앙의 끈을 놓지 않음으로 후에 약속된 상을 받을 사람들이다. 여기서 그는 하박국 선지자에게 주어진 약속을 반복하여 말한다. "의인은 믿음으로 말미암아 살리라."

히브리서 기자는 그들이 지속적으로 믿고 구원받을 것임을 확신하고 있었다. 진정한 믿음의 소유자가 아닌 이들은 그들의 은사나 공적에도 불구하고 파멸의 길로 가버렸다.

계속해서 씨 뿌리는 비유에 대해 생각해 볼 텐데 그중에서도 특히 마태복음 13장 20-21절에 나오는 돌밭의 비유를 살펴보도록 하겠다. 돌밭에 뿌려진 씨는 말씀을 듣는 즉시 기쁨으로 받는 자를 말한다. 그러나 이러한 이들은 뿌리가 없으므로 잠시 견디다가 곧 넘어지고 만다.

돌밭의 소유자들은 진정한 믿음을 가진 자들이긴 하지만 그들 속에 구원받는 믿음이 있는지 분간하기가 어렵다. 즉, 뿌리나 열매 지속성이 없는 믿음을 구원받는 믿음으로 표현하기는 어렵다는 것이다.

그들은 기쁨으로 말씀을 들은 헤롯왕과 같다. 다시 강조하지만 비유에 대한 상세한 기술을 평범한 의미 이상으로 비약해서는 안 된다.

여기서 우리 주님께서 보여주고자 하시는 것은 많은 사람이 복음을 헛되이 듣고 전혀 열매 맺지 못한다는 것이다. 중요한 것은 열매를 맺는 것이다. 진정한 열매를 맺지 못한다는 것은 그들이 진정한 믿음의 소유자가 아니라는 것을 증명한다. 하나님께서 기쁘게 받으실 일을 해내지 못하는 믿음은 죽은 믿음이다.

마지막으로, 성도의 견인을 반박하기 위해 제시되는 구절인 베드로후서 2장 18-22절을 살펴보도록 하자. 이 본문에 언급된 자들은 예수 그리스도에 대한 믿음을 가진 자들과 거리가 먼 사람들임을 알 수 있다.

그들이 설교 말씀을 들을 때 마음이 흔들리는 자들임은 인정한다. 그러나 그들은 진리와 하나님의 말씀의 능력을 인정하고 자신들의 품행을 고치는 것이지 마음이 변한 것은 아니다. 어떤 이들은 끝까지 이러한 새로운 삶의 방식을 유지하지만, 어떤 이들은 머지않아 사악한 길로 되돌아간다.

사도 바울은 이에 대하여 "경건의 모양은 있으나 경건의 능력은 부인하니"(딤후 3:5)라고 표현하고 있다. 그들은 아닌 것을 있는 체하며 온갖 종류의 악행을 종교라는 가면 아래 숨기는 위선자들이 아니다.

우리는 바울이 회심하기 전 그랬던 것처럼 사람들이 "양심적으로 행동하면서도" 어떻게 그리스도의 가족에 속하지 않을 수 있는가를 살펴보았다. 그들은 잘못된 삶을 사는 자들로부터는 떠났을지 몰라도 성령으로 거듭나 진정한 믿음을 소유했다고는 결코 말할 수 없다.

우리가 성도의 견인을 공부하면서 여러 차례 봤듯이 하나님께서는 그의 백성이 영생에 이르는 그 순간까지 이러한 경고들을 보존의 수단으로 이용하신다.

성경 말씀의 경고들은 성도의 견인과 관련된 오류가 없는 하나님의 약속들과 모순되지 않는다. 이는 성도들이 하나님께 순종하는 삶을 지속적으로 살게 하는 하나님의 섭리의 한 부분이다.

성도의 견인, 이는 실로 성경적인 진리이며 우리의 마음 판에 새겨야 할 복음인 것이다.

성도의 견인을 설명하는 핵심 성경 구절

빌 1:6

너희 안에서 착한 일을 시작하신 이가 그리스도 예수의 날까지 이루실 줄을 우리는 확신하노라

요 10:27-29

내 양은 내 음성을 들으며 나는 그들을 알며 그들은 나를 따르느니라 내가 그들에게 영생을 주노니 영원히 멸망하지 아니할 것이요 또 그들을 내 손에서 빼앗을 자가 없느니라 그들을 주신 내 아버지는 만물보다 크시매 아무도 아버지 손에서 빼앗을 수 없느니라

롬 8:35-39

누가 우리를 그리스도의 사랑에서 끊으리요 환난이나 곤고나 박해나 기근이나 적신이나 위험이나 칼이랴 기록된 바 우리가 종일 주를 위하여 죽임을 당하게 되며 도살 당할 양 같이 여김을 받았나이다 함과 같으니라 그러나 이 모든 일에 우리를 사랑하시는 이로 말미암아 우리가 넉넉히 이기느니라 내가 확신하노니 사망이나 생명이나 천사들이나 권세자들이나 현재 일이나 장래 일이나 능력이나 높음이나 깊음이나 다른 어떤 피조물이라도 우리를 우리 주 그리스도 예수 안에 있는 하나님의 사랑에서 끊을 수 없으리라

CHRISTIANS ARE FOR EVER

사명선언문

너희가 흠이 없고 순전하여……세상에서 그들 가운데 빛들로
나타내며 생명의 말씀을 밝혀 _ 빌 2:15-16

1. 생명을 담겠습니다
만드는 책에 주님 주신 생명을 담겠습니다.
그 책으로 복음을 선포하겠습니다.

2. 말씀을 밝히겠습니다
생명의 근본은 말씀입니다.
말씀을 밝혀 성도와 교회의 성장을 돕겠습니다.

3. 빛이 되겠습니다
시대와 영혼의 어두움을 밝혀 주님 앞으로 이끄는
빛이 되는 책을 만들겠습니다.

4. 순전히 행하겠습니다
책을 만들고 전하는 일과 경영하는 일에 부끄러움이 없는
정직함으로 행하겠습니다.

5. 끝까지 전파하겠습니다
모든 사람에게, 땅 끝까지, 주님 오시는 그날까지
복음을 전하는 사명을 다하겠습니다.

서점 안내

광화문점 서울시 종로구 새문안로 69 구세군회관 1층
02)737-2288(T) 02)737-4623(F)

강남점 서울시 서초구 신반포로 177 반포쇼핑타운 3동 2층
02)595-1211(T) 02)595-3549(F)

구로점 서울시 구로구 시흥대로 577 3층
02)858-8744(T) 02)838-0653(F)

노원점 서울시 노원구 동일로 1366 삼봉빌딩 지하 1층
02)938-7979(T) 02)3391-6169(F)

분당점 경기도 성남시 분당구 황새울로 315 대현빌딩 3층
031)707-5566(T) 031)707-4999(F)

일산점 경기도 고양시 일산서구 중앙로 1391 레이크타운 지하 1층
031)916-8787(T) 031)916-8788(F)

의정부점 경기도 의정부시 청사로47번길 12 성산타워 3층
031)845-0600(T) 031) 852-6930(F)

인터넷서점 www.lifebook.co.kr